Le Spectre De La Guerre, Le Spectre De La Dette : L'europe En 2026

Par : La Petite Fleur Bleue

« 2025 »

Mot de l'auteur :

L'ouvrage que vous tenez entre les mains est le fruit de plusieurs mois d'un travail intensif, une immersion quasi-permanente dans le flot continu d'informations qui façonne le destin de L'Europe. L'idée de ce livre n'est pas née d'une inspiration soudaine, mais d'une préoccupation grandissante, nourrie par le suivi assidu de deux dynamiques qui, en apparence distinctes, me semblaient converger de manière de plus en plus inquiétante : d'une part, la refonte radicale des politiques de sécurité et l'explosion des dépenses d'armement en Europe ; d'autre part, les signaux de plus en plus alarmants envoyés par la politique économique et budgétaire de l'Union européenne.

Ce qui a commencé comme une veille analytique s'est rapidement transformé en une entreprise de plus grande ampleur. Il s'agissait de regrouper, de croiser et de synthétiser une masse de données hétérogènes : les lois de programmation militaire des États membres, les rapports stratégiques de l'OTAN, les analyses macroéconomiques de la BCE, les débats parlementaires sur les budgets nationaux, les notes techniques des instituts de recherche et les bilans financiers des entreprises du secteur de la défense. De ce long travail d'analyse a émergé une conviction : celle que les deux narratifs – celui du réarmement nécessaire et celui de la fragilité économique de l'Union – n'étaient pas deux histoires parallèles, mais les deux mâchoires d'un même étau se refermant sur le continent.

J'ai compris que le véritable enjeu n'était pas seulement dans les chiffres bruts des milliards d'euros dépensés, mais dans les arbitrages silencieux et les coûts d'opportunité que ces chiffres masquaient. Chaque décision d'achat d'armement avait des répercussions directes, bien que souvent invisibles, sur l'avenir du modèle social européen, sur les ambitions climatiques et sur la cohésion même du projet européen.

Mon ambition, en écrivant ce livre, n'a pas été d'offrir des réponses définitives, mais de poser les bonnes questions et de mettre en lumière les coûts cachés d'une transformation historique qui s'opère sous nos yeux, souvent sans le débat démocratique qu'elle mériterait. Si cet ouvrage peut contribuer à une prise de conscience de l'ampleur des choix auxquels l'Europe est confrontée, et à stimuler une discussion lucide sur l'avenir souhaité par la population européenne, alors il aura atteint son objectif le plus essentiel.

Sommaire détaillé

Introduction

Chapitre 1 : La fin de l'innocence stratégique : Anatomie du réarmement européen

- **Analyse du contexte géopolitique post-2022 :** Le changement de paradigme sécuritaire en Europe.
- **La course aux 2% (et au-delà) :** Cartographie des nouvelles doctrines de défense et des augmentations budgétaires (Allemagne et son *Zeitenwende*, France, Pologne, pays baltes...). Analyse comparative des budgets de la défense en pourcentage du PIB.
- **Qualité vs Quantité :** Décryptage des investissements prioritaires : cyberdéfense, munitions, drones, défense aérienne. S'agit-il de combler des lacunes critiques ou de préparer un conflit de haute intensité ?
- **Projection à 2026 :** Modélisation de l'effort financier total requis pour atteindre les objectifs fixés par l'OTAN et l'UE, et ce que cela représente en termes de centaines de milliards d'euros.

Chapitre 2 : L'équation macroéconomique impossible : Croissance, inflation et effet d'éviction

- **Le multiplicateur keynésien militaire : un mythe ?** Analyse critique de l'idée selon laquelle les dépenses de défense stimulent la croissance du PIB. Différence entre les investissements militaires et les investissements civils en termes de retombées économiques.
- **Le moteur de l'inflation :** Comment une demande militaire massive et soudaine sur des chaînes d'approvisionnement spécialisées (semi-conducteurs, métaux rares, main-d'œuvre qualifiée) crée des goulets d'étranglement et alimente la hausse des prix.
- **L'effet d'éviction ("Crowding Out") :** Analyse économique de la manière dont chaque euro dépensé dans la défense est un euro non investi ailleurs. Quantification de l'impact potentiel sur des secteurs clés pour l'avenir de l'UE : la transition écologique, l'innovation numérique, la santé et l'éducation.
- **Le fardeau pour le secteur privé :** Pression sur le marché du travail, concurrence pour les capitaux et orientation de la R&D vers le secteur militaire au détriment de l'innovation civile.

Chapitre 3 : Le financement de la guerre : Le retour de la crise de la dette souveraine

- **Les trois voies de financement :** Augmentation des impôts, réduction des autres dépenses publiques, ou creusement du déficit et de la dette. Analyse de l'impopularité des deux premières options.
- **Le mur de la dette en 2026 :** État des lieux des dettes souveraines des grands pays de l'UE (France, Italie, Espagne...). Analyse de la charge d'intérêt dans un contexte de taux élevés et de son impact sur la soutenabilité des finances publiques.
- **Le débat sur la mutualisation :** Faut-il des "Eurobonds de la défense" ? Analyse des positions des pays "frugaux" contre celles des pays partisans d'une solidarité accrue. Le risque d'une nouvelle fracture Nord-Sud au sein de l'Union.
- **Le rôle ambigu de la Banque Centrale Européenne (BCE)** : La BCE peut-elle, sans trahir son mandat, intervenir pour maintenir les taux d'emprunt des États à des niveaux soutenables ? Analyse des risques politiques et juridiques.

Chapitre 4 : Le complexe militaro-industriel européen : Moteur ou boulet ?

- **État des lieux de la base industrielle et technologique de défense européenne (BITDE) :** Fragmentation, duplication des programmes, manque d'interopérabilité.
- **"Acheter européen" vs. "Acheter sur étagère" :** Le dilemme entre le renforcement de l'autonomie stratégique européenne (et des délais plus longs) et l'efficacité immédiate des achats d'équipements américains.
- **Innovation et "spillovers" technologiques :** Le secteur de la défense peut-il réellement être un moteur d'innovation pour l'économie civile (GPS, internet...) ou est-ce un paradigme dépassé ?
- **Gouvernance et efficacité :** Analyse des risques de corruption, de lobbying intense et de surcoûts systématiques dans les grands programmes d'armement européens.

Chapitre 5 : Les nouvelles lignes de fracture : Études de cas nationaux

- **L'Allemagne :** Entre le *Zeitenwende* et le frein constitutionnel à l'endettement (*Schuldenbremse*). Un géant économique aux prises avec ses propres règles.
- **La France :** Concilier l'ambition d'une autonomie stratégique, le maintien de son modèle social et un niveau de dette parmi les plus élevés de la zone euro.
- **La Pologne et les États baltes :** La primauté absolue de la sécurité, où la viabilité économique devient une préoccupation secondaire. Analyse du risque de "surchauffe" de leurs économies.
- **L'Italie et l'Europe du Sud :** Comment financer un effort de défense accru sous la surveillance constante des marchés financiers et avec une marge de manœuvre budgétaire quasi nulle.

Chapitre 6 : Le coût d'opportunité social : La grande redistribution silencieuse

- **Canons contre beurre :** Analyse concrète des arbitrages budgétaires. Comment les hausses des budgets militaires se traduisent-elles par des gels ou des coupes dans les services publics (hôpitaux, universités, infrastructures).
- **L'impact sur la transition écologique :** Le "Pacte Vert" européen peut-il survivre à une ère de réarmement intensif ? Le risque de sacrifier les objectifs climatiques à long terme pour la sécurité à court terme.
- **Vers une "fatigue du soutien" ?** Analyse du risque d'un mécontentement social croissant si la population perçoit une dégradation de ses conditions de vie au profit d'un effort de défense dont les bénéfices ne sont pas immédiatement visibles.
- **Creusement des inégalités :** Comment la réorientation de l'économie peut bénéficier à un secteur spécialisé et à ses actionnaires tout en pénalisant le reste de la population.

Chapitre 7 : L'Union européenne face à ses contradictions

- **Le Marché unique vs. le protectionnisme militaire :** Les règles de la concurrence et des aides d'État sont-elles compatibles avec l'urgence de reconstruire une industrie de défense ?
- **Le Pacte de Stabilité et de Croissance :** Est-il définitivement caduc ? Analyse de la réforme du Pacte à l'aune des nouvelles réalités sécuritaires.
- **Le pouvoir de la Commission européenne et du Parlement :** Ces institutions peuvent-elles jouer un rôle de coordination efficace ou seront-elles marginalisées par des décisions intergouvernementales ?
- **L'euro en 2026 :** La monnaie unique peut-elle survivre à la double pression d'une divergence économique croissante et d'une possible nouvelle crise des dettes ?

Chapitre 8 : Conclusion - Naviguer entre les spectres : Scénarios pour 2026 et au-delà

Ce dernier chapitre ne donnera pas de réponse définitive mais synthétisera les tensions analysées pour proposer plusieurs scénarios prospectifs :

- **Scénario 1 : "L'Union de la forteresse"** - L'Europe réussit son réarmement au prix d'une forte dette, d'une croissance faible et de tensions sociales grandissantes.
- **Scénario 2 : "La crise de la fragmentation"** - L'incapacité à s'accorder sur le financement provoque une nouvelle crise de la dette qui fracture l'Union, opposant les pays en première ligne et les autres.
- **Scénario 3 : "Le sursaut fédéral"** - La crise force les États membres à un nouveau bond en avant dans l'intégration, avec une mutualisation de la dette pour la défense et une coordination industrielle renforcée.

  La conclusion se terminera sur les choix politiques et économiques cruciaux que les dirigeants européens devront faire pour naviguer sur la voie étroite qui sépare la puissance de la prospérité.

Introduction

Le crépuscule d'une ère : l'Europe au point de bascule de 2026

L'année 2026 ne figure encore sur aucun calendrier comme une date anniversaire ou une commémoration. Elle ne marque, pour l'heure, la fin d'aucun plan décennal célèbre ni le début d'une nouvelle ère proclamée. Pourtant, l'historien du futur, se penchant sur les archives de notre décennie, pourrait bien identifier 2026 comme le point de bascule silencieux, le moment où l'Union européenne, contrainte et forcée, a dû faire face à la plus brutale des réalités : celle de ses propres contradictions, incarnées par deux forces titanesques et antagonistes. C'est l'année où le bruit de fond de la guerre à l'Est a cessé d'être un simple écho lointain pour devenir le métronome anxiogène de toutes les décisions politiques et budgétaires. C'est l'année où le poids accumulé des dettes passées, aggravé par les exigences du présent, a menacé de faire s'effondrer l'édifice économique du continent.

Bienvenue en 2026. La paix en Europe n'est plus un acquis, mais un objectif précaire, activement défendu et au coût exorbitant. La prospérité n'est plus une trajectoire ascendante évidente, mais un équilibre fragile, menacé par des arbitrages d'une cruauté inédite depuis des générations. Sur le continent qui a voulu incarner la fin de l'Histoire et la primauté du "doux commerce" sur la puissance militaire, deux spectres jumeaux hantent les couloirs de Bruxelles, de Berlin, de Paris et de Varsovie. Le premier est celui de la guerre, un spectre de fer et de feu qui exige un réarmement massif, rapide et sans précédent depuis la fin de la Guerre Froide. Le second est celui de la dette, un spectre financier insidieux qui menace de transformer cet effort sécuritaire indispensable en un suicide économique et social.

Ce livre est une chronique de cette confrontation. Il ne s'agit pas d'un ouvrage sur l'art de la guerre, ni d'un traité sur la théorie monétaire.

Il s'agit d'une analyse économique et politique de la plus grande épreuve que l'Union européenne ait eu à affronter depuis sa création : comment devenir une puissance militaire crédible sans provoquer sa propre faillite, comment financer les chars et les cyberdéfenses de demain sans sacrifier les hôpitaux, les universités et la transition écologique d'aujourd'hui. L'équation qui se pose en 2026 est diabolique : l'Europe doit dépenser des centaines de milliards qu'elle n'a pas pour se prémunir contre une menace qu'elle ne peut plus ignorer, tout en naviguant dans un environnement de taux d'intérêt élevés qui rend chaque euro emprunté infiniment plus lourd que lors des crises précédentes.

L'Europe se retrouve prise dans un étau. D'un côté, la pression implacable de la géopolitique qui lui dicte de se réarmer. De l'autre, la contrainte inflexible de l'arithmétique budgétaire qui lui rappelle son extrême vulnérabilité financière. Ce livre est l'histoire de cet étau. Il vise à disséquer, sans complaisance, les mécanismes de cette double crise, à identifier les acteurs, à quantifier les enjeux et à explorer les scénarios possibles pour un continent au bord du gouffre. Car la question posée en 2026 n'est plus seulement de savoir si l'Europe peut être une puissance. La question est de savoir si elle peut survivre au coût de cette ambition.

Le premier spectre : La fin des dividendes de la paix

Pour comprendre la violence du choc, il faut se souvenir du monde d'hier. Pendant plus de trois décennies, de la chute du mur de Berlin au début des années 2020, l'Europe a vécu sur un trésor conceptuel et financier : les "dividendes de la paix". Ce concept, simple en apparence, a été le logiciel fondamental du projet européen. Il postulait que la fin de la confrontation Est-Ouest permettait une réduction drastique et permanente des dépenses militaires. Cet argent "libéré" pouvait alors être réinvesti dans le modèle social, les infrastructures, l'innovation et, plus tard, la transition écologique. Le budget de la défense n'était plus une nécessité stratégique, mais une variable d'ajustement budgétaire, souvent la première à être sacrifiée sur l'autel de la rigueur ou de la relance.

Les armées européennes se sont transformées en conséquence. Elles ont abandonné le modèle de la conscription de masse et de la défense territoriale pour devenir des forces expéditionnaires, plus petites, professionnalisées, conçues pour des interventions lointaines et des conflits asymétriques. L'idée d'une guerre de haute intensité sur le sol européen, impliquant des divisions blindées, des duels d'artillerie et la mobilisation de sociétés entières, avait été reléguée aux livres d'histoire. Ce paradigme a volé en éclats le 24 février 2022.

L'invasion de l'Ukraine par la Russie n'a pas seulement été une tragédie humaine et une violation du droit international. Pour l'Europe, elle a été un électrochoc existentiel, la fin brutale d'une illusion collective. Soudainement, la guerre n'était plus une anomalie lointaine, mais une possibilité tangible aux frontières mêmes de l'Union. Les lacunes capacitaires, longtemps ignorées ou minimisées, sont apparues au grand jour dans leur effrayante réalité : stocks de munitions dramatiquement bas, équipements vieillissants, manque d'interopérabilité, chaînes de production à l'arrêt ou délocalisées.

La réponse fut unanime, du moins en apparence. Le chancelier allemand Olaf Scholz a proclamé une *Zeitenwende*, un "tournant historique", débloquant un fonds spécial de 100 milliards d'euros pour moderniser la Bundeswehr. Partout sur le continent, des objectifs de dépenses militaires, comme les fameux 2 % du PIB de l'OTAN, longtemps considérés comme un plafond théorique, sont devenus un plancher absolu et urgent à atteindre, voire à dépasser. La Pologne, en première ligne, a annoncé son intention de consacrer plus de 4 % de son PIB à sa défense, un niveau digne de la Guerre Froide. La France a accéléré sa loi de programmation militaire, et même les pays traditionnellement neutres ou non-alignés ont réévalué leur posture stratégique.

En 2026, cette course au réarmement n'est plus une série d'annonces politiques ; elle est une réalité économique massive et omniprésente. Les commandes affluent auprès d'une industrie de défense qui peine à suivre la cadence. Les budgets nationaux sont profondément remodelés pour accommoder cette nouvelle priorité absolue. Mais ce réarmement n'est pas qu'une question de chiffres. Il représente un changement qualitatif fondamental. Il ne s'agit plus d'acheter quelques drones ou véhicules blindés pour des missions de maintien de la paix. Il s'agit de reconstituer des capacités pour une guerre totale : des milliers de chars, des millions d'obus, des systèmes de défense anti-aérienne multicouches, des infrastructures logistiques capables de soutenir des armées en mouvement, et des effectifs humains bien plus importants.

Ce spectre de la guerre, par sa simple présence, a donc un effet économique direct et dévastateur. Il agit comme un gigantesque "trou noir" budgétaire, aspirant des ressources qui, hier encore, étaient allouées à d'autres pans de l'action publique. Il impose une réorientation de l'économie vers des secteurs qui, s'ils sont stratégiques, sont notoirement moins productifs en termes de croissance à long terme et d'emplois civils que les investissements dans le numérique ou le vert. Il crée des pressions inflationnistes sur des matériaux critiques et des compétences rares, disputées par les secteurs civil et militaire. Le spectre de la guerre n'est pas seulement une menace à la frontière ; c'est une force de distorsion économique qui s'exerce au cœur même du modèle européen. Il force l'Europe à se poser une question qu'elle pensait ne plus jamais avoir à se poser : combien coûte la sécurité, et qui va payer la facture ?

Le second spectre : L'héritage de la dette et la fin de l'argent facile

La réponse à la question "qui va payer ?" nous amène directement au second spectre, celui de la dette. Si la nécessité de se réarmer était apparue dans une Europe aux finances publiques saines et à l'économie florissante, le défi aurait été considérable, mais gérable. Or, la *Zeitenwende* survient au pire moment possible, dans une Europe déjà courbaturée par quinze années de crises ininterrompues et assise sur une montagne de dettes.

L'histoire de cette vulnérabilité commence bien avant 2022. La crise financière mondiale de 2008 a obligé les États européens à renflouer leur secteur bancaire et à soutenir leur économie, faisant exploser leurs déficits. Elle a été immédiatement suivie par la crise des dettes souveraines (2010-2012), qui a failli emporter la zone euro et a révélé au grand jour ses failles structurelles. Pour sauver la monnaie unique, les États ont dû accepter des plans d'austérité draconiens tandis que la Banque Centrale Européenne (BCE), sous l'impulsion du "whatever it takes" de Mario Draghi, a déployé des politiques monétaires non conventionnelles, notamment des taux d'intérêt nuls voire négatifs et des programmes massifs de rachat d'actifs (*Quantitative Easing*).

Puis est venue la pandémie de COVID-19 en 2020. Face à ce nouveau choc symétrique, l'Europe a, pour un temps, suspendu ses règles budgétaires et engagé des politiques de soutien ("quoi qu'il en coûte") qui ont ajouté des milliers de milliards d'euros supplémentaires à la dette publique. L'endettement public de la zone euro a ainsi bondi pour dépasser les 95 % de son PIB, avec des pics bien supérieurs à 150 % pour des pays comme la Grèce et l'Italie, et au-dessus de 110 % pour la France.

Pendant la décennie 2010, cette accumulation de dette a été rendue soutenable, voire indolore, par un facteur clé : des taux d'intérêt proches de zéro. Emprunter ne coûtait presque rien. Le service de la dette, c'est-à-dire les intérêts que les États doivent payer chaque année, restait à des niveaux historiquement bas malgré l'explosion du stock de dette. Cet environnement monétaire exceptionnel a créé une forme d'illusion financière, laissant penser que l'endettement public n'avait plus de réelles limites.

Le retour brutal de l'inflation à partir de 2021, alimentée par les perturbations post-pandémiques puis par le choc énergétique lié à la guerre en Ukraine, a mis fin à cette ère de l'argent facile. Pour contrer la hausse des prix, la BCE, comme les autres grandes banques centrales, a été contrainte de remonter ses taux d'intérêt à une vitesse inédite. En 2026, les conséquences de ce pivot monétaire sont pleinement visibles. Le coût de la dette nouvelle a explosé. Plus important encore, les dettes anciennes, arrivant à échéance, doivent être refinancées à des taux bien plus élevés. Le service de la dette n'est plus une ligne négligeable dans les budgets nationaux ; il est redevenu un poste de dépense majeur, entrant en compétition directe avec la santé, l'éducation ou la sécurité.

C'est dans ce contexte de fragilité financière extrême que survient l'impératif du réarmement. Les centaines de milliards d'euros nécessaires ne peuvent être générés par magie. Trois options, toutes politiquement et économiquement périlleuses, se présentent :

1. **Augmenter les impôts :** Une option très impopulaire dans un contexte de croissance faible et de pouvoir d'achat déjà érodé par l'inflation.
2. **Réduire les autres dépenses publiques :** Cela signifie tailler dans le modèle social européen, couper les subventions à la transition écologique ou geler les investissements dans les infrastructures, avec un risque social et politique majeur.
3. **Emprunter davantage :** La solution de facilité, mais qui

revient à ajouter une nouvelle couche de dette sur une montagne déjà chancelante, dans un contexte de taux d'intérêt élevés. Cette voie risque de raviver la méfiance des marchés financiers et de déclencher une nouvelle crise des dettes souveraines, rappelant les pires heures de 2012.

Le spectre de la dette n'est donc pas une abstraction pour économistes. Il est la contrainte fondamentale qui pèse sur chaque décision de l'Europe en 2026. Il est la force qui transforme le besoin de sécurité en un dilemme insoluble. Chaque euro alloué à un obus est un euro qui ne peut être utilisé pour réduire le déficit. Chaque milliard emprunté pour un avion de combat augmente la charge des intérêts pour les générations futures et rapproche certains États du point de rupture. Le spectre de la dette est le fantôme de la crise passée qui vient hanter l'effort de guerre présent, menaçant de faire s'écrouler l'édifice par l'intérieur au moment même où il cherche à fortifier ses murs extérieurs.

La thèse centrale de cet ouvrage : L'étau et l'arbitrage impossible

La convergence de ces deux spectres en 2026 place l'Union européenne dans un étau d'une complexité sans précédent. La thèse centrale de ce livre est que l'impératif de réarmement et la contrainte de la dette ne sont pas deux défis parallèles, mais les deux mâchoires d'un même piège qui menace de broyer le projet européen. L'interaction de ces deux forces crée une série d'arbitrages impossibles, de "choix cornéliens" qui touchent au cœur même de l'identité et du modèle de l'UE.

Le premier et plus célèbre de ces arbitrages est celui des "canons contre le beurre". Cette expression, popularisée dans les années 1930, retrouve une pertinence tragique. Mais en 2026, le dilemme est plus complexe. Il ne s'agit plus seulement du beurre, symbole de la consommation et de l'État-providence. Il s'agit des "canons contre le beurre, contre le vert, contre le numérique et contre la cohésion sociale". Le financement massif de la défense entre en concurrence directe et brutale avec les deux autres transformations structurelles que l'Europe s'était engagée à mener : la transition écologique (incarnée par le *Green Deal*) et la souveraineté numérique. Ces trois révolutions – militaire, écologique et numérique – exigent chacune des milliers de milliards d'investissements sur la prochaine décennie. Il est économiquement et politiquement quasi impossible de les mener toutes de front avec la même intensité. L'une devra céder le pas aux autres, ou toutes seront menées à moitié, garantissant un échec global. Le risque, en 2026, est que l'urgence sécuritaire ne conduise à un abandon silencieux mais réel des ambitions climatiques, considérées comme un luxe de temps de paix.

Le second arbitrage se situe au niveau de l'architecture de la zone euro. Comment financer cet effort de manière coordonnée ? Faut-il recourir à une nouvelle mutualisation de la dette, sur le modèle du plan de relance post-COVID, avec des "Eurobonds de la défense" ? Cette option, privilégiée par des pays comme la France, se heurte au refus catégorique des pays dits "frugaux" (Allemagne, Pays-Bas...), qui craignent une union de transferts permanente et refusent de payer pour les dettes des autres. L'alternative est un financement purement national, où chaque pays se débrouille seul. Mais cette voie creuserait inévitablement les divergences économiques entre les États membres. Les pays déjà très endettés (comme l'Italie) paieraient des taux d'intérêt bien plus élevés que l'Allemagne, les rendant encore moins compétitifs et les poussant vers la crise. L'effort de défense, au lieu d'unir l'Europe face à une menace commune, risquerait ainsi de raviver la fracture Nord-Sud et de fragmenter mortellement le marché unique et la monnaie unique.

Le troisième arbitrage concerne le modèle économique et industriel. L'urgence impose d'acquérir rapidement des équipements militaires. Faut-il privilégier l'achat "sur étagère" de matériel américain, plus rapidement disponible, au risque de sacrifier l'autonomie stratégique européenne et de creuser le déficit commercial ? Ou faut-il insister sur le développement de programmes européens, plus longs, plus coûteux et souvent minés par les rivalités industrielles nationales, mais qui renforceraient la base industrielle et technologique du continent ? Ce choix entre l'efficacité à court terme et la souveraineté à long terme divise profondément les capitales européennes.

Ce livre se propose d'explorer ces arbitrages en profondeur. Il soutient que la manière dont l'Europe y répondra en 2026 déterminera sa trajectoire pour le reste du XXIe siècle. Loin d'être une simple question technique de finances publiques, la confrontation entre le spectre de la guerre et le spectre de la dette est un test existentiel pour l'Union européenne. Elle la force à définir ce qu'elle est et ce qu'elle veut être : une simple alliance d'États-nations se repliant sur des logiques nationales face à la crise, ou une véritable union politique capable d'un sursaut de solidarité pour faire face à un destin commun.

Une feuille de route pour naviguer entre les spectres

Pour analyser rigoureusement ce moment critique, cet ouvrage est structuré en huit chapitres, chacun abordant une facette de la crise.

Le **premier chapitre** dressera une cartographie précise du réarmement européen. Il quantifiera l'effort financier en cours et à venir, en analysant les budgets de la défense des principaux pays et les nouveaux objectifs capacitaires. Il s'agira de donner une mesure de l'échelle du défi : de combien de centaines de milliards d'euros parle-t-on réellement d'ici la fin de la décennie ?

Le **deuxième chapitre** se penchera sur l'impact macroéconomique de cette course aux armements. À travers l'analyse de l'effet d'éviction, des pressions inflationnistes et du débat sur le "multiplicateur militaire", nous verrons comment cette réorientation massive de l'économie affecte la croissance, l'investissement et le pouvoir d'achat.

Le **troisième chapitre** plongera au cœur du réacteur financier : la crise de la dette souveraine. Nous analyserons en détail l'état des finances publiques européennes, le poids du service de la dette dans un monde de taux d'intérêt élevés, et nous modéliserons le risque d'une nouvelle crise de la zone euro déclenchée par le financement de l'effort de défense.

Le **quatrième chapitre** examinera le rôle du complexe militaro-industriel européen. Est-il un atout pour l'autonomie stratégique ou un ensemble fragmenté et inefficace, source de surcoûts et de retards ? Nous analyserons le dilemme entre "acheter européen" et "acheter américain".

Le **cinquième chapitre**, à travers des études de cas nationaux (Allemagne, France, Pologne, Italie), mettra en lumière les différentes stratégies et les contraintes spécifiques auxquelles chaque grand pays est confronté, révélant les lignes de fracture politiques et économiques qui parcourent l'Union.

Le **sixième chapitre** abordera le coût d'opportunité social de ce réarmement. Nous analyserons concrètement les arbitrages faits au détriment d'autres politiques publiques cruciales, notamment la transition écologique, la santé et l'éducation, et nous évaluerons le risque de tensions sociales croissantes.

Le **septième chapitre** se concentrera sur les contradictions institutionnelles de l'Union européenne. Le Pacte de Stabilité et de Croissance, les règles du marché unique et de la concurrence sont-ils adaptés à cette nouvelle ère d'économie de guerre, ou sont-ils devenus des carcans obsolètes ?

Enfin, la **conclusion** synthétisera les analyses pour proposer plusieurs scénarios prospectifs pour l'Europe à l'horizon 2030. De l'implosion sous le poids de la dette à un sursaut fédéral inattendu, nous explorerons les chemins possibles qui s'ouvrent, ou se ferment, pour le continent en cette année charnière de 2026.

L'histoire qui est racontée dans ce livre est celle d'un continent qui, après avoir cru pouvoir échapper à la tragédie de l'Histoire, se retrouve rattrapé par elle de la plus brutale des manières. C'est l'histoire d'une Europe forcée de réapprendre le langage de la puissance, mais qui pourrait y perdre son âme, ou du moins sa prospérité. Naviguer entre le spectre de la guerre et le spectre de la dette est la tâche la plus redoutable qui incombe à la génération actuelle de dirigeants et de citoyens européens. L'issue de cette navigation est, aujourd'hui, radicalement incertaine.

Chapitre 1 : La fin de l'innocence stratégique : Anatomie du réarmement européen

Introduction : Le sommeil des somnambules

Pendant près de trois décennies, l'Europe a évolué sur la scène mondiale à la manière des somnambules décrits par l'historien Christopher Clark à la veille de 1914 : confiante, inconsciente des dangers tectoniques qui s'accumulaient sous ses pieds, et convaincue de la supériorité morale et définitive de son modèle. Ce modèle, fondé sur l'intégration économique, la primauté du droit et le "doux commerce", avait relégué la guerre à une anomalie historique, une pathologie propre à des régions moins éclairées du globe. La défense n'était plus une question de survie nationale, mais un exercice de gestion de crise dans des contrées lointaines, mené par des armées professionnelles réduites, taillées pour l'expéditionnaire et non pour la défense du territoire. Les budgets militaires, perçus comme une relique onéreuse de la Guerre Froide, étaient la variable d'ajustement par excellence, systématiquement rognés au profit de ce qui comptait vraiment : l'État-providence, les infrastructures, puis la transition écologique. Cette Europe était un géant économique, un nain géopolitique, et fière de l'être.

Le 24 février 2022 a marqué la fin brutale de ce sommeil. L'invasion à grande échelle de l'Ukraine par la Fédération de Russie n'a pas seulement été l'agression d'un État souverain ; elle a été le marteau qui a brisé le miroir dans lequel l'Europe se contemplait. La guerre de haute intensité, avec ses duels d'artillerie apocalyptiques, ses villes martyrisées et ses lignes de front figées dans la boue et le sang, a fait une irruption d'une violence inouïe dans le réel européen. Ce ne fut pas un réveil progressif, mais un sursaut brutal, teinté de panique et d'effroi. D'un seul coup, les Européens ont redécouvert une vérité simple et terrible : la paix est un état précaire, non une condition naturelle, et elle a un coût.

Ce chapitre se propose de faire l'anatomie de la réponse européenne à ce choc existentiel. Il ne s'agit pas de juger du bien-fondé de cette réponse, mais de la disséquer avec la précision clinique d'un économiste et d'un stratège. Nous allons quantifier l'effort, cartographier sa répartition, analyser sa nature et en projeter la trajectoire jusqu'à ce point de bascule de 2026. Car avant de pouvoir analyser l'impact du spectre de la dette, il est indispensable de prendre la pleine mesure du premier spectre, celui de la guerre, et de comprendre la logique implacable qui a forcé un continent pacifiste à enfiler, dans la précipitation et le désordre, une armure qu'il avait remisée à la cave depuis une génération. Nous examinerons pourquoi cet effort est sans précédent, combien il coûte réellement, et ce qu'il révèle des nouvelles priorités stratégiques d'une Europe qui a perdu son innocence.

1. Le Choc Existentiel : La Redécouverte de la Tragédie

Pour saisir l'ampleur du réarmement post-2022, il faut d'abord mesurer la profondeur de la démilitarisation qui l'a précédé. Le concept de "dividendes de la paix", apparu après la chute du mur de Berlin en 1989, a été le principe directeur de la politique de sécurité européenne pendant trente ans. Il reposait sur une double conviction : la Russie, bien que pouvant être un partenaire difficile, n'était plus une menace existentielle de type soviétique, et la sécurité du continent était, en dernière analyse, garantie par la puissance militaire écrasante des États-Unis via l'OTAN.

Cette conviction a eu des conséquences concrètes et drastiques. Les armées de masse, basées sur la conscription, ont été démantelées presque partout. Les parcs de matériel lourd (chars, artillerie) ont été réduits de 80 à 90 % dans certains pays. Des pans entiers de l'industrie de défense ont été mis en sommeil, incapables de survivre sans commandes étatiques. Les dépenses militaires des pays européens de l'OTAN ont chuté, passant d'une moyenne de plus de 3 % du PIB à la fin de la Guerre Froide à environ 1,5 % dans les années 2010. L'Allemagne, puissance économique centrale, laissait son budget de défense flirter avec 1,2 % de son PIB, et sa Bundeswehr devenait une source de préoccupations, voire de moqueries, en raison de ses équipements défaillants.

L'annexion de la Crimée par la Russie en 2014 a été un premier avertissement. Lors du sommet de l'OTAN au Pays de Galles la même année, les membres se sont engagés à viser des dépenses de défense à hauteur de 2 % de leur PIB d'ici 2024. Mais pour beaucoup, notamment à Berlin et à Rome, cet engagement est resté lettre morte, perçu comme une concession à la pression américaine plutôt que comme une nécessité stratégique. La priorité restait la discipline budgétaire et le modèle social.

L'invasion de 2022 a tout changé. Ce ne fut pas une répétition de la Crimée ou de la Géorgie en 2008. La nature de la guerre en Ukraine a révélé aux états-majors européens l'étendue de leur impréparation à un conflit moderne de haute intensité. Plusieurs leçons brutales ont été tirées dans les premiers mois :

1. **La primauté de l'attrition et de la masse :** Contrairement aux guerres "chirurgicales" et technologiques imaginées par les Occidentaux, le conflit en Ukraine a montré le retour de la guerre d'usure. La consommation de munitions, en particulier d'obus d'artillerie, a atteint des niveaux stupéfiants – plusieurs milliers par jour pour chaque camp – dépassant de très loin la capacité de production mensuelle, voire annuelle, de l'ensemble de l'Europe. Les stocks européens, conçus pour quelques semaines d'opérations expéditionnaires, se sont révélés dramatiquement insuffisants. L'Europe a pris conscience qu'elle disposait d'armées "bonsaï", capables de quelques actions d'éclat mais incapables de tenir dans la durée.
2. **La vulnérabilité du ciel et de l'arrière :** La prolifération de missiles de croisière, de missiles balistiques et de drones a démontré que la distinction traditionnelle entre le front et l'arrière est devenue obsolète. Les infrastructures critiques, les villes, les centres logistiques, se sont retrouvés en première ligne. Or, les défenses aériennes et antimissiles européennes, réduites à la portion congrue après la Guerre Froide, étaient totalement inadaptées pour couvrir l'ensemble du territoire face à une attaque saturante.
3. **La dépendance critique envers les États-Unis :** L'aide militaire massive fournie par Washington à l'Ukraine a mis en lumière une réalité humiliante pour les Européens. Sans les

capacités américaines en matière de renseignement (satellites, surveillance), de logistique stratégique (transport aérien), de munitions et de systèmes d'armes avancés, le soutien à l'Ukraine se serait effondré en quelques semaines. L'autonomie stratégique européenne, un concept cher à Paris, est apparue pour ce qu'elle était : une ambition lointaine, et non une réalité opérationnelle.

Cette triple prise de conscience a déclenché une réaction politique d'une rapidité et d'une ampleur sans précédent. Il ne s'agissait plus de discuter d'augmentations marginales, mais d'un changement complet de paradigme. Le réarmement n'était plus un choix, mais une question de survie.

2. La Course aux Pourcentages : Cartographie d'un Effort Budgétaire Inédit

La réponse la plus visible et la plus immédiate au choc de 2022 a été d'ordre budgétaire. L'objectif de 2 % du PIB de l'OTAN, autrefois un horizon lointain et contesté, est devenu un plancher immédiat et non négociable, un symbole de crédibilité au sein de l'Alliance. En 2026, la quasi-totalité des pays de l'OTAN situés en Europe ont atteint ou dépassé ce seuil, provoquant une injection de liquidités absolument massive dans le secteur de la défense.

Pour comprendre l'échelle de ce changement, il faut analyser les cas des principaux acteurs.

Le Zeitenwende allemand : Le réveil d'un géant contraint

Nulle part le changement n'a été plus spectaculaire qu'en Allemagne. Le 27 février 2022, trois jours après l'invasion, le chancelier Olaf Scholz a prononcé un discours historique devant le Bundestag, annonçant un "Zeitenwende" – un tournant historique. Il a accompagné ses mots de deux mesures fracassantes : la création d'un fonds spécial (*Sondervermögen*) de 100 milliards d'euros pour moderniser la Bundeswehr, et l'engagement d'investir "désormais, année après année, plus de 2 %" du PIB dans la défense.

Cette annonce a brisé des décennies de politique de défense allemande, marquée par une culture de la retenue (*Kultur der Zurückhaltung*) profondément ancrée dans la mémoire de la Seconde Guerre mondiale. Le fonds de 100 milliards d'euros, inscrit dans la Constitution pour contourner les règles strictes du frein à l'endettement (*Schuldenbremse*), a été conçu comme un électrochoc pour combler les lacunes les plus criantes accumulées depuis 30 ans.

En 2026, une grande partie de ce fonds a été engagée ou dépensée. L'argent a été dirigé vers des méga-contrats, souvent avec des fournisseurs américains pour des raisons de rapidité et d'interopérabilité au sein de l'OTAN :

- Achat d'avions de combat **F-35** (environ 10 milliards d'euros) pour remplacer la flotte de Tornado vieillissante et assurer la mission de partage nucléaire de l'OTAN.
- Acquisition d'hélicoptères de transport lourd **CH-47F Chinook** (environ 8 milliards d'euros).
- Renforcement de la défense anti-aérienne avec le système israélien **Arrow 3** (environ 4 milliards d'euros) et des systèmes allemands **IRIS-T SLM**.

- Modernisation des forces terrestres avec de nouveaux véhicules de combat d'infanterie **Puma** et la commande de nouveaux chars **Leopard 2A8**.

Cependant, le *Zeitenwende* allemand est aussi symptomatique des difficultés du réarmement européen. En 2026, l'Allemagne atteint bien l'objectif de 2 % du PIB, mais en grande partie grâce à la ponction sur le fonds spécial. Le budget ordinaire de la défense peine, lui, à augmenter structurellement, posant la question cruciale de la soutenabilité de l'effort une fois le fonds spécial épuisé à l'horizon 2027-2028. De plus, la lenteur légendaire de la bureaucratie et des processus d'acquisition allemands a freiné l'impact réel des milliards engagés. Néanmoins, l'impulsion a été donnée : l'Allemagne, première économie d'Europe, est redevenue un acteur militaire de premier plan, du moins en termes de dépenses.

La France : L'accélération d'un effort constant

Contrairement à l'Allemagne, la France n'a jamais totalement désarmé. Forte de sa dissuasion nucléaire et de son siège permanent au Conseil de sécurité de l'ONU, elle a toujours maintenu ses dépenses de défense à un niveau relativement élevé, oscillant autour de 1,8 % à 1,9 % du PIB. Le choc de 2022 n'a donc pas provoqué de rupture, mais une accélération massive d'une tendance déjà existante.

Cette accélération a été gravée dans le marbre par la **Loi de Programmation Militaire (LPM) 2024-2030**. Ce texte prévoit une enveloppe colossale de **413 milliards d'euros** sur sept ans, soit une augmentation de près de 40 % par rapport à la LPM précédente. L'objectif est de dépasser durablement le seuil des 2 % du PIB pour atteindre près de 2,2 % ou 2,3 % à la fin de la période.

Les priorités françaises, en 2026, reflètent son ambition de puissance d'équilibre et de leader de l'autonomie stratégique européenne :

- **Modernisation de la dissuasion nucléaire :** Des dizaines de milliards sont consacrés au renouvellement des deux composantes, océanique (nouveaux sous-marins de type SNLE 3G) et aéroportée (missile ASN4G). C'est le socle non négociable de la stratégie française.
- **Renseignement et cyberdéfense :** Des investissements massifs sont dirigés vers les capacités spatiales (satellites espions) et le renforcement des unités de lutte informatique, considérées comme le champ de bataille de demain.
- **"Économie de guerre" :** Le gouvernement français a mis une pression considérable sur son industrie de défense (Dassault, Thales, Naval Group, Nexter) pour qu'elle augmente ses

cadences de production, notamment pour les systèmes qui ont prouvé leur efficacité en Ukraine, comme les canons **CAESAR** ou les missiles **SCALP**.

- **Programmes en coopération européenne :** La France continue de pousser des projets structurants comme le **SCAF** (Système de combat aérien du futur) avec l'Allemagne et l'Espagne, et le **MGCS** (char du futur) avec l'Allemagne, même si ces programmes sont ralentis par des rivalités industrielles et politiques.

En 2026, la France est donc l'un des rares pays européens à conjuguer une augmentation quantitative de ses budgets avec une base industrielle et technologique de défense (BITD) souveraine et complète. Mais cet effort pèse lourdement sur des finances publiques déjà dégradées, comme nous le verrons au chapitre 3.

La Pologne et le flanc Est : L'effort de guerre en temps de paix

Si l'Allemagne symbolise le réveil et la France l'accélération, la Pologne et les États du flanc oriental de l'OTAN incarnent un réarmement d'une toute autre nature : un effort de guerre mené en temps de paix. Pour ces pays, la menace russe n'est pas un concept géopolitique, mais une réalité géographique et historique tangible. Leur réponse est proportionnelle à leur perception du danger : massive, urgente et sans états d'âme quant à son coût économique.

La **Pologne** s'est positionnée pour devenir la première puissance militaire terrestre d'Europe. Ses dirigeants ont annoncé viser des dépenses de défense de **plus de 4 % de leur PIB**, un niveau que seuls quelques pays au monde atteignent. Varsovie s'est lancée dans une frénésie d'achats, diversifiant ses fournisseurs pour aller au plus vite :

- **États-Unis :** Commande de centaines de lance-roquettes multiples **HIMARS**, de chars **Abrams**, d'hélicoptères d'attaque **Apache** et d'avions de combat **F-35**.
- **Corée du Sud :** Des méga-contrats signés pour la livraison de plus d'un millier de chars **K2**, de centaines d'obusiers automoteurs **K9** et d'avions d'entraînement et de combat légers **FA-50**.

En 2026, l'armée polonaise est en pleine transformation pour devenir une force lourde, blindée et suréquipée, conçue explicitement pour stopper une invasion russe sur la plaine nord-européenne.

Les **États baltes** (Estonie, Lettonie, Lituanie), malgré la taille modeste de leurs économies, consacrent entre 2,5 % et 3 % de leur PIB à la défense. Leurs investissements se concentrent sur des capacités "anti-accès" (défense côtière, drones, défense aérienne à courte et moyenne portée) pour rendre leur territoire le plus difficile possible à envahir. La **Roumanie** suit une trajectoire similaire, investissant massivement dans sa force aérienne et sa défense côtière en mer Noire.

Pour ces pays, l'arbitrage "canons contre beurre" est tranché : la sécurité prime sur tout le reste. Mais cette politique n'est pas sans risque, créant un risque de surchauffe économique et une dépendance extrême aux financements externes, notamment européens, pour maintenir le reste de leur budget à flot.

3. Au-delà des Milliards : La Transformation Qualitative de l'Effort de Défense

Analyser le réarmement européen uniquement à travers le prisme des pourcentages du PIB serait une erreur. Les milliards qui affluent depuis 2022 ne servent pas seulement à acheter plus de ce qui existait déjà. Ils financent une transformation profonde, qualitative, de l'outil militaire européen, qui révèle les leçons tirées du conflit ukrainien et la nature de la guerre pour laquelle l'Europe se prépare désormais. L'ère des forces expéditionnaires légères est terminée. L'heure est à la préparation d'un conflit de haute intensité, symétrique et potentiellement long.

Le retour de la masse : Munitions, munitions, munitions

La leçon la plus brutale de la guerre en Ukraine est que la technologie ne peut, à elle seule, remplacer la masse, en particulier dans le domaine de l'artillerie. Les états-majors européens ont découvert avec horreur que leurs stocks de munitions, toutes catégories confondues (obus, missiles, roquettes), ne leur permettraient de soutenir un conflit de type ukrainien que pendant quelques jours, une semaine au maximum. La production était au point mort, certaines lignes d'assemblage ayant même été démantelées.

En 2026, la priorité absolue est donc la reconstitution de stocks massifs et la relocalisation d'une capacité de production souveraine. Cette politique se matérialise à plusieurs niveaux :

- **Niveau européen :** La Commission européenne, sortant de son rôle traditionnel, a lancé des initiatives comme l'**ASAP (Act in Support of Ammunition Production)**, doté d'un budget de plusieurs centaines de millions d'euros pour subventionner les industriels (comme le groupe allemand Rheinmetall ou le français Nexter) afin qu'ils augmentent leurs capacités et leurs cadences. L'objectif est de pouvoir produire plus d'un million d'obus de 155 mm par an sur le sol européen.
- **Niveau national :** Les États passent des commandes pluriannuelles massives pour donner de la visibilité aux industriels et sécuriser leur approvisionnement. Ces commandes ne concernent pas seulement les obus, mais aussi les missiles anti-aériens (Patriot, ASTER), les missiles antichars et les roquettes.

Cette "remunitionisation" est l'aspect le moins visible mais le plus structurel du réarmement. Elle est extrêmement coûteuse et a un impact économique direct, créant des tensions sur les chaînes d'approvisionnement de composants chimiques (poudres, explosifs) et électroniques.

Le bouclier et le dôme : La primauté de la défense aérienne

La deuxième leçon majeure est la vulnérabilité des sociétés européennes face aux frappes aériennes, de missiles et de drones. L'idée de devoir vivre sous la menace de sirènes et d'alertes, comme le font les Ukrainiens, a généré une demande politique forte pour un "bouclier" protégeant le ciel européen.

En réponse, l'Allemagne a lancé en 2022 l'**European Sky Shield Initiative (ESSI)**. En 2026, cette initiative regroupe une vingtaine de pays européens. Son objectif est de mutualiser les achats et de créer une défense aérienne et antimissile intégrée, basée sur plusieurs couches :

- **Courte portée :** Systèmes comme l'**IRIS-T SLM** allemand pour contrer les avions, hélicoptères et drones.
- **Moyenne portée :** Le système américain **Patriot**, standard de l'OTAN, pour intercepter les missiles de croisière et balistiques tactiques.
- **Très haute portée (exo-atmosphérique) :** Le système israélo-américain **Arrow 3**, conçu pour intercepter les missiles balistiques à longue portée, dont l'achat par l'Allemagne a été un marqueur politique fort.

Cette initiative n'est pas sans controverse. La France, notamment, a refusé d'y participer, critiquant le choix de systèmes majoritairement non-européens (Patriot, Arrow 3) au détriment de son propre système SAMP/T (Mamba). Ce débat illustre une tension fondamentale du réarmement européen : faut-il privilégier l'efficacité et l'interopérabilité immédiates (souvent via des achats américains) ou la construction d'une autonomie stratégique européenne à plus long terme ?

La guerre du futur, aujourd'hui : Drones, cyber et espace

Enfin, le réarmement de 2026 ne se contente pas de combler les lacunes de la guerre "classique". Il investit massivement dans les domaines qui définiront les conflits de demain.

- **Drones :** Le conflit en Ukraine a été la première "guerre des drones", des petits quadricoptères commerciaux modifiés aux drones de reconnaissance et de frappe à longue portée. Les armées européennes, en retard dans ce domaine, investissent massivement pour rattraper leur retard, à la fois en achetant des systèmes existants (comme le Bayraktar TB2 turc ou des drones israéliens) et en lançant leurs propres programmes, comme l'Eurodrone.
- **Cyberdéfense :** La prise de conscience que la prochaine guerre pourrait commencer par une cyberattaque paralysant les réseaux électriques, les systèmes bancaires ou les communications gouvernementales est désormais totale. Tous les pays européens renforcent leurs commandements de cyberdéfense (COMCYBER) et investissent dans la protection de leurs infrastructures critiques.
- **Espace :** La dépendance aux satellites pour le renseignement, les communications sécurisées et le guidage de précision (GPS) est devenue absolue. Des pays comme la France investissent dans de nouvelles constellations de satellites militaires (comme CSO) pour garantir un accès souverain à l'information.

En synthèse, la transformation qualitative de l'effort de défense est claire. Alors que l'impulsion initiale visait à combler des lacunes critiques héritées de 30 ans de sous-investissement, l'échelle et la nature des programmes lancés indiquent, en 2026, une préparation systémique à un conflit de haute intensité, multi-domaines (terre, air, mer, cyber, espace) et potentiellement de longue durée contre un adversaire étatique disposant de capacités équivalentes. Ce n'est plus une question de "si" un tel conflit pouvait arriver, mais de "comment" y faire face.

4. Projection 2026 : L'Addition Finale et le Mur Financier

En 2026, l'Europe se trouve à mi-chemin de cette transformation monumentale. L'impulsion politique est toujours là, mais les réalités économiques commencent à se faire durement sentir. Pour conclure l'anatomie de ce réarmement, il est nécessaire de modéliser l'effort financier total et de comprendre pourquoi l'année 2026 constitue un point de bascule.

Si l'on additionne les dépenses supplémentaires générées par l'atteinte des 2 % du PIB pour tous les pays européens de l'OTAN, les fonds spéciaux comme les 100 milliards allemands, et les lois de programmation pluriannuelles comme les 413 milliards français, on arrive à un chiffre vertigineux. Une estimation conservatrice, basée sur les données de l'OTAN et des instituts de recherche comme le SIPRI, suggère que les pays européens de l'UE et de l'OTAN auront engagé, entre 2022 et 2028, des dépenses de défense supplémentaires de l'ordre de **700 à 800 milliards d'euros** par rapport à la trajectoire pré-ukrainienne. Sur la décennie complète, ce chiffre dépassera aisément les **1 000 milliards d'euros (un trillion)**.

Ce chiffre colossal, à lui seul, ne dit pas tout. Il faut comprendre l'effet "boule de neige" de ces dépenses. L'achat d'un équipement de pointe (comme un avion de combat F-35) ne représente qu'environ 30 % de son coût total sur l'ensemble de son cycle de vie. Les 70 % restants sont des coûts de fonctionnement, de maintenance, de modernisation et de personnel. Cela signifie que les décisions d'achat prises dans l'urgence entre 2022 et 2026 vont verrouiller et rigidifier à la hausse les budgets de la défense pour les trente prochaines années. Le réarmement n'est pas un pic de dépense ponctuel ; c'est un changement de palier structurel et permanent.

C'est là que réside le mur budgétaire de 2026. Dans les premières années (2022-2025), une grande partie de cet effort a été financée par des mécanismes d'exception : des fonds spéciaux financés par la dette, des budgets votés dans un climat d'unité nationale post-choc. Mais en 2026, ces facilités commencent à s'épuiser. Le fonds allemand de 100 milliards est presque entièrement engagé. L'impact de la hausse des taux d'intérêt sur la dette contractée pour financer cet effort se fait pleinement sentir. Les gouvernements doivent désormais financer ce nouvel état de fait militaire par leurs budgets ordinaires, c'est-à-dire par l'impôt ou par la réduction d'autres dépenses publiques.

L'Europe de 2026 se retrouve donc avec un appareil militaire en pleine reconstruction, plus puissant et plus crédible qu'il ne l'a été depuis des décennies. Mais cette nouvelle force a un coût. L'anatomie de ce réarmement révèle un effort gigantesque, vital sur le plan stratégique, mais d'une lourdeur financière extrême. La fin de l'innocence stratégique a un prix, et c'est en 2026 que la facture commence véritablement à être présentée aux économies et aux sociétés européennes. Le spectre de la guerre a imposé sa loi. C'est désormais au spectre de la dette d'entrer en scène.

Chapitre 2 : L'équation macroéconomique impossible : Croissance, inflation et effet d'éviction

Introduction : L'illusion de la prospérité armée

Dans le discours politique qui accompagne le grand réarmement européen, une mélodie réconfortante se fait souvent entendre, en particulier dans les nations dotées d'une industrie de défense significative. Elle murmure que cet effort colossal, bien que dicté par une nécessité sécuritaire, portera en lui les germes d'une forme de renouveau. Dépenser des centaines de milliards d'euros, nous dit-on, c'est aussi injecter de l'argent dans l'économie, soutenir des fleurons industriels, créer des emplois hautement qualifiés et stimuler l'innovation technologique. Dans cette perspective, la course à l'armement serait une forme de politique industrielle et de relance keynésienne déguisée, transformant une contrainte stratégique en une opportunité économique. La France vante la vitalité de sa base industrielle et technologique de défense (BITD), l'Allemagne espère que le *Zeitenwende* redynamisera son industrie lourde, et la Pologne justifie ses emplettes pharaoniques par des promesses de transferts de technologie.

Ce chapitre se propose de déconstruire méthodiquement ce mythe. Il soutient que, dans le contexte économique spécifique de l'Europe de 2026, cette vision relève au mieux de l'illusion, au pire de la propagande. Loin d'être un moteur de croissance durable, la vague de dépenses militaires agit comme un puissant perturbateur macroéconomique. Elle est un carburant pour l'inflation, un frein à l'investissement privé et un obstacle majeur aux transformations structurelles dont le continent a désespérément besoin.

Nous allons ici poser l'équation macroéconomique qui hante l'Europe. Une équation dont les variables sont une croissance atone, une inflation persistante, des chaînes d'approvisionnement rigides et des ressources – qu'elles soient financières, humaines ou matérielles – fondamentalement limitées. L'analyse économique révèle un tableau bien plus sombre que celui des communiqués de presse officiels. Elle montre comment chaque euro investi dans un missile est un euro qui n'est pas investi ailleurs, comment la demande urgente et massive pour des biens militaires crée des distorsions profondes dans l'ensemble du tissu productif. Ce chapitre est une plongée dans la mécanique froide et implacable du coût d'opportunité et de l'effet d'éviction. Il démontre pourquoi, loin de résoudre les problèmes économiques de l'Europe, le réarmement massif est en train de les exacerber, créant une équation qui, à terme, pourrait s'avérer impossible à résoudre sans une crise majeure.

1. Le mirage du multiplicateur keynésien militaire

Le concept du multiplicateur keynésien est simple : un euro de dépense publique injecté dans l'économie génère plus d'un euro d'activité économique finale, car cet euro est à son tour dépensé et réinvesti plusieurs fois. Les partisans d'une vision optimiste du réarmement appliquent implicitement ce raisonnement aux dépenses de défense. Or, une analyse rigoureuse montre que le "multiplicateur militaire" dans les économies européennes avancées de 2026 est extraordinairement faible, voire proche de zéro ou négatif dans certains cas, et ce pour plusieurs raisons structurelles.

Premièrement, la nature de la dépense. Le keynésianisme classique fonctionne de manière optimale avec des dépenses à forte intensité de main-d'œuvre et à faible contenu technologique importé, comme la construction de routes ou de ponts. La dépense militaire moderne est tout l'inverse. Elle est extrêmement intensive en capital et en technologie, et de plus en plus faible en main-d'œuvre. La construction d'un avion de combat de sixième génération comme le SCAF mobilisera des milliers d'ingénieurs et de techniciens hautement spécialisés, mais son coût unitaire de plusieurs centaines de millions d'euros aura un impact sur l'emploi global bien moindre qu'une somme équivalente investie dans la rénovation thermique des bâtiments ou dans le secteur de la santé. Un rapport du Costs of War Project de l'Université Brown a ainsi calculé qu'un milliard de dollars investi dans la défense crée significativement moins d'emplois que la même somme investie dans l'éducation, la santé ou les énergies propres. La dépense est donc très "pointue", bénéficiant à un nombre restreint de grands groupes industriels et à leurs sous-traitants spécialisés, mais avec une faible diffusion dans le reste de l'économie.

Deuxièmement, le phénomène des "fuites d'importation". Pour qu'un multiplicateur soit efficace, l'argent dépensé doit rester dans l'économie nationale. Or, une part considérable du réarmement européen actuel consiste en des achats "sur étagère" de matériel non-européen, principalement américain. Chaque F-35 acheté par l'Allemagne, la Finlande ou la Suisse est un contrat de plusieurs dizaines de millions de dollars qui bénéficie à l'Américain Lockheed Martin et à sa chaîne de sous-traitants. L'argent ne fait que transiter par le budget fédéral allemand avant de traverser l'Atlantique. Il s'agit d'une fuite quasi-instantanée hors du circuit économique européen. Le cas de l'Allemagne est emblématique : une part significative de son fonds spécial de 100 milliards d'euros a été allouée à l'achat de F-35, d'hélicoptères Chinook (Boeing) et du système Arrow 3 (conception israélo-américaine). De même, les achats massifs de la Pologne en Corée du Sud et aux États-Unis stimulent les industries de ces pays, pas la sienne propre, au-delà de quelques accords de production sous licence qui restent marginaux. Ces dépenses contribuent ainsi à creuser le déficit commercial de l'Union européenne sans générer de croissance interne significative.

Troisièmement, le coût d'opportunité intrinsèque. C'est l'argument le plus fondamental. Contrairement à un investissement dans une nouvelle ligne de TGV ou un réseau de fibre optique, un char ou un missile est un actif économiquement stérile. Il ne produit aucun bien ou service futur, ne génère aucune productivité additionnelle pour le reste de l'économie et ne rapporte aucun revenu. Sa seule fonction est la dissuasion ou la destruction. Du point de vue purement économique, il s'agit d'une consommation finale, et non d'un investissement. L'économiste Adam Smith le notait déjà dans *La Richesse des nations*, qualifiant les soldats de "travailleurs improductifs". L'argent utilisé pour construire un char Leopard 2A8 est de l'argent qui n'est pas utilisé pour financer une startup dans l'intelligence artificielle, moderniser une usine de batteries ou construire un parc éolien en mer. Ces derniers investissements, eux, augmentent la capacité productive de l'économie à long terme. Le multiplicateur militaire est donc faible non seulement par sa nature, mais aussi parce qu'il se substitue à d'autres dépenses publiques ou privées qui auraient eu un multiplicateur bien plus élevé.

Le réarmement européen n'est donc pas une politique de relance. C'est un transfert massif de ressources vers un secteur à faible impact sur l'emploi de masse et à fort contenu en importations, au détriment d'investissements plus productifs. Le mirage d'une croissance tirée par l'industrie de défense se dissipe rapidement lorsqu'on le confronte à la réalité des chiffres et des mécanismes économiques.

2. Le moteur de l'inflation : Demande inélastique et goulets d'étranglement

Si l'effet du réarmement sur la croissance est au mieux décevant, son impact sur l'inflation est, lui, bien réel et profondément pernicieux. La vague de dépenses militaires post-2022 a frappé l'économie européenne à un moment de grande vulnérabilité, alors qu'elle sortait à peine du choc inflationniste post-pandémique et de la crise énergétique. Loin d'être un facteur de modération, la demande militaire agit comme un accélérateur de la hausse des prix à travers plusieurs canaux.

Le choc d'une demande massive et urgente sur une offre rigide. L'industrie de la défense n'est pas une industrie comme les autres. Pendant trente ans de "dividendes de la paix", ses capacités de production ont été rationalisées, réduites, et ses chaînes d'approvisionnement optimisées pour des cadences faibles et prévisibles. Le choc de la demande a été d'une brutalité inouïe. Des gouvernements paniqués ont voulu commander en quelques mois ce qu'ils produisaient auparavant en une décennie. Or, il ne suffit pas de signer un chèque pour produire un missile complexe. Il faut des années pour qualifier de nouvelles lignes de production, former des ouvriers spécialisés, et sécuriser l'approvisionnement en composants critiques. Cette collision entre une demande quasi-infinie et immédiate et une offre structurellement rigide et lente à s'adapter ne peut avoir qu'une seule conséquence : une forte inflation sectorielle. Les prix des obus, des missiles, des véhicules blindés ont explosé, non seulement à cause de la hausse du coût des matières premières, mais aussi parce que les industriels, en position de force, peuvent dicter leurs conditions.

La compétition pour les ressources rares. L'inflation générée par le secteur de la défense ne reste pas confinée à ce dernier. Elle se propage au reste de l'économie par la compétition pour des ressources rares.

- **Matières premières et composants :** La fabrication d'armements modernes est gourmande en matériaux critiques. Titane pour l'aéronautique, aciers spéciaux pour le blindage, terres rares pour l'électronique de pointe, semi-conducteurs pour les systèmes de guidage. En augmentant massivement sa demande, l'industrie de la défense entre en concurrence directe avec d'autres secteurs stratégiques. L'industrie automobile qui s'électrifie, le secteur aérospatial civil et l'industrie des énergies renouvelables (éoliennes, panneaux solaires) ont besoin des mêmes matériaux et des mêmes puces électroniques. Le résultat est une hausse des prix qui affecte tous ces secteurs, pénalisant la compétitivité d'industries civiles cruciales pour l'avenir de l'Europe.
- **Main-d'œuvre qualifiée :** Le même phénomène se produit sur le marché du travail. L'Europe connaît déjà une pénurie de main-d'œuvre qualifiée dans les domaines techniques : ingénieurs, soudeurs spécialisés, experts en cyber-sécurité, data scientists. L'industrie de la défense, avec le soutien de l'État, offre des salaires attractifs et des plans de carrière à long terme pour attirer ces talents. Ce faisant, elle "assèche" le vivier de compétences disponible pour les PME innovantes, les entreprises de la transition énergétique ou du numérique, les forçant à augmenter les salaires pour rester compétitives et alimentant ainsi une boucle prix-salaires.
- **Énergie :** La remise en route et l'accélération de l'industrie lourde (sidérurgie, chimie des explosifs) sont extrêmement énergivores. Cette demande additionnelle d'énergie survient au moment même où l'Europe tente de réduire sa consommation pour atteindre ses objectifs climatiques et assurer sa souveraineté énergétique. Elle contribue à maintenir les prix de l'électricité et du gaz à des niveaux élevés pour

l'ensemble des ménages et des entreprises.

La nature de la demande étatique : une demande inélastique. Enfin, un facteur aggravant est que la demande de l'État pour sa sécurité est fondamentalement "inélastique au prix". Lorsqu'il s'agit d'équiper ses soldats ou de se protéger d'une menace existentielle, le gouvernement est prêt à payer le prix fort. Il ne peut pas facilement reporter un achat ou chercher un substitut moins cher, comme le ferait un consommateur ou une entreprise ordinaire. Cette rigidité de la demande donne un pouvoir de marché considérable aux fournisseurs du secteur de la défense, leur permettant de répercuter intégralement leurs hausses de coûts, voire d'augmenter leurs marges, sans craindre de perdre leurs clients. Ce mécanisme est un puissant vecteur d'inflation qui se diffuse ensuite par les chaînes de sous-traitance.

En 2026, l'Europe se trouve donc dans une situation paradoxale. La Banque Centrale Européenne tente de juguler l'inflation en maintenant des taux d'intérêt élevés – ce qui freine l'investissement et la consommation. Simultanément, les gouvernements de la zone euro injectent des dizaines de milliards dans le secteur le plus inflationniste de l'économie. La politique monétaire et la politique budgétaire se contredisent, l'une appuyant sur le frein pendant que l'autre appuie sur l'accélérateur. Cette cacophonie est non seulement inefficace, mais elle fait peser le fardeau de l'ajustement sur le secteur privé et les ménages, qui subissent à la fois le coût du crédit élevé et la hausse des prix.

3. L'effet d'éviction : Le coût invisible mais dévastateur du réarmement

Le concept le plus important pour comprendre l'impact macroéconomique du réarmement est sans doute le plus difficile à percevoir pour le grand public : c'est l'effet d'éviction ("crowding out"). Il décrit la manière dont une augmentation des dépenses publiques, en particulier lorsqu'elle est financée par le déficit, "évince" ou empêche l'investissement privé. Ce phénomène est le cœur de l'équation économique impossible de l'Europe. Il est le mécanisme par lequel le choix des canons se traduit inévitablement par moins de beurre, mais aussi moins d'éoliennes, moins de recherche fondamentale et moins d'infrastructures modernes.

L'effet d'éviction se manifeste par deux canaux principaux.

L'éviction financière. C'est le canal le plus classique. Pour financer leur effort de défense sans augmenter massivement les impôts, les États européens doivent emprunter davantage sur les marchés financiers. Cette demande accrue de capital de la part des gouvernements (qui sont perçus comme des emprunteurs très sûrs) entre en compétition avec la demande de capital des entreprises qui souhaitent investir. Selon la loi de l'offre et de la demande, cette pression à la hausse sur la demande de fonds prêtables pousse les taux d'intérêt à la hausse pour tout le monde. Une entreprise qui, à un taux de 3 %, aurait jugé rentable de construire une nouvelle usine ou de moderniser sa chaîne de production, pourrait y renoncer si le taux d'emprunt passe à 5 %. L'investissement public dans la défense a ainsi "évincé" un investissement privé potentiellement plus productif. En 2026, dans un contexte où les taux d'intérêt sont déjà élevés à cause de la politique de la BCE, cet effet est particulièrement puissant. Chaque milliard d'euros supplémentaire emprunté par un État pour acheter des frégates rend le crédit plus cher pour les PME qui sont le véritable moteur de l'emploi et de l'innovation en Europe.

L'éviction des ressources réelles. Plus direct et peut-être plus brutal encore est l'éviction des ressources physiques et humaines. Comme nous l'avons vu, l'économie dispose d'une quantité finie de travailleurs qualifiés, de matières premières et de capacités industrielles à un instant T. En réorientant massivement ces ressources vers le secteur militaire, on les retire mécaniquement d'autres usages. L'impact le plus dramatique de cette éviction concerne les deux transitions jumelles que l'Europe s'était fixée comme priorités absolues avant 2022 : la transition verte et la transition numérique.

- **Le *Green Deal* en danger :** Le Pacte Vert pour l'Europe, projet phare de la Commission von der Leyen, est une stratégie de croissance qui nécessite des investissements estimés à plus de 1 000 milliards d'euros par an, publics et privés. Il s'agit de rénover les bâtiments, de décarboner l'industrie, de construire des infrastructures d'énergies renouvelables et de développer de nouvelles technologies. Or, le réarmement entre en compétition frontale avec le *Green Deal*. Il concurrence pour les mêmes capitaux publics, pour les mêmes subventions, pour les mêmes ingénieurs et pour les mêmes matériaux (acier, cuivre, terres rares). En 2026, l'arbitrage est devenu cruellement visible. Des projets d'infrastructures vertes sont retardés, des subventions pour les véhicules électriques sont réduites, et les objectifs climatiques pour 2030 semblent de plus en plus hors de portée. Le réarmement ne fait pas que coûter de l'argent ; il absorbe l'attention politique et la capacité administrative qui devraient être consacrées à la plus grande menace à long terme pour le continent : le changement climatique.
- **L'innovation civile sacrifiée :** Le même raisonnement

s'applique à la souveraineté numérique et à l'innovation. L'argument classique du "spillover", selon lequel la recherche militaire irrigue l'économie civile (Internet, GPS), est de moins en moins valide. La recherche et développement militaire est aujourd'hui si spécialisée (matériaux furtifs, intelligence artificielle pour le ciblage, propulsion hypersonique) que ses applications civiles directes sont de plus en plus rares. Pire, en orientant les budgets de R&D publics et les meilleurs cerveaux vers des applications militaires, on prive de ressources la recherche fondamentale en santé, en biotechnologie, en intelligence artificielle civile ou en physique des matériaux. L'Europe, qui lutte déjà pour ne pas être décrochée technologiquement par les États-Unis et la Chine, risque de prendre un retard irrattrapable dans les domaines qui détermineront la prospérité du XXIe siècle.

Conclusion : Acheter la sécurité d'aujourd'hui avec la prospérité de demain

L'analyse macroéconomique du grand réarmement européen dresse un constat sans appel. Loin d'être le stimulant économique que certains dépeignent, il est un puissant frein à la croissance à long terme. Son multiplicateur économique est faible, son potentiel inflationniste est élevé, et son effet d'éviction sur des investissements plus productifs est dévastateur.

En 2026, l'équation est donc posée dans toute sa brutalité. Pour répondre à la menace immédiate perçue à l'Est, l'Europe a choisi de détourner une part significative de sa richesse et de son capital humain vers des activités économiquement stériles. Elle a accepté de nourrir l'inflation, de complexifier la tâche de sa banque centrale et de rendre le capital plus cher pour ses entreprises. Plus grave encore, elle a mis en péril les deux piliers de sa stratégie de croissance future : la transition écologique et l'innovation numérique.

L'Europe est en train d'acheter sa sécurité à court terme en hypothéquant sa prospérité à long terme. Elle renforce son bouclier tout en affaiblissant son moteur. Ce choix, peut-être inévitable sur le plan géopolitique, a un coût économique exorbitant et largement sous-estimé. Ce coût ne se lira pas seulement dans les statistiques de croissance du PIB de l'année en cours. Il se mesurera sur des décennies, par le retard technologique accumulé, les objectifs climatiques manqués et la compétitivité érodée.

Le problème est que cette équation, déjà si défavorable, repose sur une hypothèse fragile : celle que l'Europe peut effectivement financer cet effort. Mais comme nous le verrons dans le chapitre suivant, le continent s'est lancé dans cette aventure avec des finances publiques déjà au bord de la rupture. La collision entre la facture du réarmement et la réalité de la dette souveraine européenne est la prochaine étape de notre analyse, celle qui menace de transformer une équation économique difficile en une crise financière et politique existentielle.

Chapitre 3 : Le financement de la guerre : Le retour de la crise de la dette souveraine

Introduction : L'océan de la dette sur lequel navigue l'Europe

Si le chapitre précédent a démontré que le réarmement massif est un fardeau pour l'économie réelle, il a laissé en suspens la question la plus anxiogène de toutes : comment, concrètement, l'Europe va-t-elle payer cette facture de plus de mille milliards d'euros ? L'argent ne se matérialise pas par la seule force de la volonté politique. Il doit être prélevé, par l'impôt, ou emprunté sur les marchés financiers. Et c'est là que le second spectre, celui de la dette, se matérialise dans toute sa terrifiante ampleur.

L'Europe de 2026 ne se lance pas dans cette aventure militaire à partir d'une position de force financière. Elle le fait en étant déjà l'une des régions les plus endettées du monde, héritage d'une succession de crises qui ont laissé des cicatrices profondes dans ses comptes publics. Elle le fait, surtout, au moment précis où le bouclier qui a rendu cette dette soutenable pendant plus d'une décennie – les taux d'intérêt nuls de la Banque Centrale Européenne – a été retiré. Naviguer dans les eaux dangereuses de la géopolitique est une chose ; le faire à bord d'un navire déjà surchargé, au milieu d'une tempête monétaire, en est une autre.

Ce chapitre est une plongée dans les finances publiques européennes à l'heure du réarmement. Il soutient que la question du financement n'est pas un simple problème technique pour les ministères des finances, mais le catalyseur potentiel d'une crise systémique capable de faire imploser la zone euro. Nous allons d'abord mesurer la "montagne de dette" sur laquelle le continent est assis, un héritage de quinze années de gestion de crise. Nous analyserons ensuite comment la fin de l'argent facile a transformé cette montagne inerte en un volcan actif. Enfin, nous explorerons le trilemme infernal auquel les gouvernements sont confrontés – augmenter les impôts, couper dans les dépenses ou s'endetter davantage – et nous verrons pourquoi la voie de la facilité, celle du déficit, mène tout droit à la résurgence du spectre de la crise de 2012, avec son cortège de paniques sur les marchés, de fragmentation de la zone euro et de divisions politiques insurmontables. L'Europe est-elle en train de financer sa sécurité extérieure en déclenchant sa propre guerre civile financière ?

1. Anatomie d'une montagne de dette : L'héritage des crises passées

Pour comprendre la fragilité de l'Europe en 2026, il est indispensable de faire l'archéologie de sa dette publique. Celle-ci n'est pas le fruit d'une seule décision, mais l'accumulation de plusieurs strates géologiques laissées par des chocs successifs, chacun ayant ajouté une nouvelle couche de vulnérabilité.

La première strate : la crise financière de 2008. Le péché originel. La faillite de Lehman Brothers a déclenché une crise financière mondiale qui a forcé les États européens à intervenir massivement pour sauver leur secteur bancaire. Des centaines de milliards d'euros de dette privée toxique ont été transférés sur les bilans publics. Simultanément, la récession brutale a fait chuter les recettes fiscales et augmenter les dépenses sociales (chômage), creusant mécaniquement les déficits. En quelques années, le ratio moyen de la dette publique dans la zone euro a bondi d'environ 65 % à plus de 85 % du PIB.

La deuxième strate : la crise des dettes souveraines (2010-2012). La crise de 2008 a muté en une crise existentielle pour la monnaie unique. Les marchés financiers, soudainement nerveux, ont commencé à douter de la capacité de certains États, comme la Grèce, l'Irlande, le Portugal, l'Espagne et même l'Italie, à rembourser leur dette. Les taux d'intérêt auxquels ces pays pouvaient emprunter ("spreads") se sont envolés, les poussant au bord de la faillite. Cette période a été traumatisante. Elle a révélé les failles de conception de la zone euro – une union monétaire sans union budgétaire – et a créé une profonde fracture politique entre les pays "créanciers" du Nord (Allemagne, Pays-Bas), qui prônaient une austérité budgétaire stricte, et les pays "débiteurs" du Sud, qui subissaient des cures de rigueur socialement dévastatrices. La crise n'a été jugulée que par l'intervention de la BCE et le fameux "whatever it takes" de Mario Draghi, mais elle a laissé une dette encore plus élevée et un héritage de méfiance politique.

La troisième strate : la pandémie de COVID-19 (2020-2021). Face à un choc économique symétrique et d'une violence inédite, l'Europe a, pour la première fois, suspendu ses règles budgétaires (le Pacte de Stabilité et de Croissance) et adopté une approche de "quoi qu'il en coûte". Les gouvernements ont dépensé sans compter pour soutenir les entreprises (chômage partiel) et les ménages. Cette politique a évité un effondrement économique, mais a eu un coût budgétaire astronomique. La dette publique de la zone euro a de nouveau bondi, dépassant les 95 % du PIB. La dette de la France a franchi le seuil des 110 %, celle de l'Italie s'est approchée des 150 %. La seule innovation positive de cette période fut le plan de relance NextGenerationEU, un emprunt commun de 750 milliards d'euros, qui a marqué un pas historique vers la mutualisation de la dette. Mais il a été vendu aux pays "frugaux" comme une mesure exceptionnelle, unique et limitée dans le temps.

En 2026, l'Europe du réarmement est donc l'héritière de ces trois vagues. La situation est la suivante :

- **Des niveaux de dette historiquement élevés :** Plusieurs grands pays sont dans une situation de fragilité structurelle. La Grèce et l'Italie ont des ratios dette/PIB supérieurs à 140-150 %. La France, l'Espagne et la Belgique naviguent bien au-dessus de la barre des 100 %.
- **Des divergences profondes :** L'Allemagne, ancre de stabilité, maintient sa dette autour de 65 % de son PIB, créant une hétérogénéité massive au sein de la même union monétaire.
- **Une fatigue de la crise :** Les opinions publiques, après des années d'efforts, d'austérité puis d'incertitude pandémique, sont peu enclines à accepter de nouveaux sacrifices.

Cette montagne de dette a été rendue gérable pendant une décennie par un anesthésiant puissant : les taux d'intérêt nuls. Mais l'anesthésie a cessé de faire effet.

2. La fin de l'argent magique : La réalité brutale des taux d'intérêt élevés

De 2012 à 2022, la Banque Centrale Européenne a maintenu ses taux directeurs à des niveaux historiquement bas, allant jusqu'à des taux négatifs. L'objectif était de combattre la déflation et de stimuler une économie anémique. Cette politique monétaire ultra-accommodante a eu un effet secondaire crucial : elle a rendu le coût du service de la dette publique quasi indolore. Les États, même très endettés, pouvaient emprunter à des taux très faibles, parfois même négatifs. La charge des intérêts dans leurs budgets, malgré l'explosion du stock de dette, restait stable ou diminuait.

Le retour de l'inflation à partir de 2021 a mis fin à cette "décennie magique". Pour remplir son mandat de stabilité des prix, la BCE a été contrainte d'opérer le resserrement monétaire le plus rapide de son histoire, faisant passer son principal taux directeur de -0,5 % à plus de 4 % en quelques trimestres. En 2026, les conséquences de ce pivot sont devenues la variable dominante de toute l'équation budgétaire européenne.

La mécanique implacable de la charge d'intérêt. La hausse des taux d'intérêt affecte les finances publiques de deux manières :

1. **Le coût de la nouvelle dette :** Tout déficit budgétaire nouveau, y compris celui généré par les dépenses militaires, doit être financé en émettant de nouvelles obligations d'État. Celles-ci sont désormais émises à des taux de 3 %, 4 % ou plus, au lieu de 0 %. Le coût direct du déficit explose.
2. **Le refinancement de la dette ancienne :** C'est le mécanisme le plus puissant et le plus insidieux. La dette publique n'est que rarement remboursée. Lorsque les obligations émises il y a 5, 10 ou 30 ans arrivent à maturité, l'État en émet de nouvelles pour rembourser les anciennes. C'est ce qu'on appelle "rouler

la dette". Or, une obligation émise en 2019 avec un taux de 0,1 % est désormais remplacée par une obligation à 4 %. Progressivement, l'ensemble du stock de dette existant est refinancé aux nouvelles conditions de marché, beaucoup plus dures.

Ce mécanisme déclenche ce que les économistes appellent l'"**effet boule de neige**" de la dette. Lorsque le taux d'intérêt moyen payé sur la dette est supérieur au taux de croissance nominal du PIB (croissance réelle + inflation), le ratio dette/PIB augmente mécaniquement, même si le gouvernement n'a aucun déficit primaire (c'est-à-dire hors paiement des intérêts). Pour le dire simplement : la dette s'autoalimente.

Prenons l'exemple simplifié d'un pays comme l'Italie, avec une dette de 140 % du PIB et une croissance nominale faible de 2 %. Si le taux d'intérêt moyen sur sa dette atteint 4 %, la charge d'intérêt annuelle représente 5,6 % du PIB (140 % * 4 %). Pour simplement stabiliser son ratio de dette, le pays doit dégager un excédent budgétaire primaire (avant intérêts) de 3,6 % du PIB (5,6 % - 2 %). Un tel excédent représente un effort d'austérité colossal, politiquement et socialement intenable sur la durée.

En 2026, de nombreux pays européens, dont la France et l'Italie, sont entrés dans cette zone de danger où l'effet boule de neige menace de devenir incontrôlable. C'est dans ce contexte de piège de la dette que l'impératif de financer des dizaines de milliards de dépenses militaires supplémentaires vient s'ajouter.

3. Le trilemme du financement : Impôts, austérité ou déficit ?

Face à la facture du réarmement, les gouvernements européens se retrouvent face à un trilemme, un choix entre trois options, toutes extraordinairement douloureuses et politiquement périlleuses.

Option 1 : La voie de l'impôt. La solution la plus orthodoxe sur le plan budgétaire serait de financer les dépenses militaires par une augmentation des impôts. Cela pourrait prendre la forme d'une "contribution de solidarité défense", d'une hausse de la TVA ou de l'impôt sur les sociétés. Cependant, cette voie est politiquement radioactive. Dans un contexte de croissance faible et de pouvoir d'achat déjà amputé par des années d'inflation, les opinions publiques sont massivement hostiles à toute hausse de la pression fiscale. De plus, augmenter les impôts sur les entreprises dans une économie mondialisée risquerait de nuire à la compétitivité européenne et de provoquer des délocalisations. Hormis quelques taxes symboliques, aucun gouvernement n'est prêt à s'engager sur cette voie à l'échelle requise.

Option 2 : La voie de l'austérité. Si l'on ne peut augmenter les recettes, il faut réduire les autres dépenses. C'est la logique des arbitrages budgétaires. Pour chaque milliard alloué à la défense, il faudrait couper un milliard ailleurs. Mais où ?

- **Dans les prestations sociales ?** Réduire les retraites, les allocations chômage ou les budgets de la santé déclencherait une explosion sociale immédiate et massive. C'est politiquement suicidaire.
- **Dans les investissements d'avenir ?** C'est la solution la plus tentante car ses effets ne sont pas immédiatement visibles. Mais, comme nous l'avons vu au chapitre 2, sacrifier les

budgets de la transition écologique, de l'éducation supérieure ou de la recherche fondamentale, c'est hypothéquer la croissance future et les objectifs stratégiques à long terme de l'Union.

- **Dans les services publics du quotidien ?** Geler le salaire des fonctionnaires, réduire les budgets des collectivités locales ou de la justice affecterait directement la qualité de vie des citoyens et alimenterait le mécontentement.

La voie de l'austérité, qui a déjà montré ses limites sociales et économiques lors de la crise de la zone euro, est donc également dans une impasse politique.

Option 3 : La voie du déficit. Face à l'impossibilité politique d'augmenter les impôts ou de couper drastiquement dans les dépenses populaires, la quasi-totalité des gouvernements européens choisissent, par défaut, la troisième voie : celle de financer le réarmement par un surcroît de déficit et de dette. C'est le chemin de la facilité à court terme, mais le plus périlleux à long terme. Chaque milliard emprunté aujourd'hui vient gonfler la montagne de dette, augmenter la charge d'intérêt de demain et rapprocher le pays du point de rupture. Cette voie transforme le problème budgétaire en un problème de financement sur les marchés. Et c'est là que le fantôme de 2012 refait son apparition.

4. Le spectre de la fragmentation : Le retour de la crise de la zone euro

En choisissant la voie du déficit pour financer leur effort de défense, les pays européens, et en particulier les plus endettés, se placent volontairement sous le jugement des marchés financiers. Tant que les investisseurs ont confiance dans la capacité d'un État à rembourser sa dette, ils continuent de lui prêter à des taux raisonnables. Mais si cette confiance s'effrite, la panique peut s'installer très rapidement, conduisant à une prophétie auto-réalisatrice : la peur de la faillite fait grimper les taux d'intérêt à un niveau tel que la faillite devient inévitable.

En 2026, plusieurs facteurs pourraient déclencher cette perte de confiance et raviver la crise de la zone euro :

- **La divergence des efforts de défense :** L'effort de réarmement n'est pas uniforme. Des pays en première ligne comme la Pologne ou la Finlande dépensent bien plus en proportion de leur PIB que des pays plus éloignés de la menace comme l'Espagne ou le Portugal. Si cet effort est financé par la dette nationale, il va mécaniquement creuser les écarts de dette et de déficit au sein de l'Union.
- **Le retour de la discipline budgétaire :** Le Pacte de Stabilité et de Croissance, suspendu pendant la pandémie, a été réformé et réactivé. Bien qu'assoupli, il exige des pays les plus endettés qu'ils réduisent leur déficit et leur dette. Or, cette exigence entre en contradiction directe avec la nécessité de financer le réarmement. Un pays comme l'Italie pourrait se retrouver sommé par Bruxelles de réduire ses dépenses au moment même où l'OTAN lui demande de les augmenter. Cette contradiction insoluble est une source majeure de risque

politique et de nervosité pour les marchés.

Cette situation fait ressurgir le débat le plus toxique et le plus fondamental de l'Union européenne : celui de la **mutualisation de la dette.** Pour éviter que le financement de la défense ne fasse exploser les taux d'intérêt des pays les plus fragiles et ne fragmente la zone euro, la solution la plus logique serait un financement commun. Sur le modèle du plan NextGenerationEU, l'Union pourrait émettre des **"Eurobonds de la défense"**. Cet emprunt commun, garanti par tous les États membres, bénéficierait de la crédibilité de l'Allemagne et permettrait de financer l'effort de guerre à des taux bas et uniformes pour tous.

Cependant, cette solution, ardemment défendue par la France et les pays du Sud, se heurte en 2026 à l'opposition farouche des pays dits "frugaux" (Allemagne, Pays-Bas, Autriche, pays nordiques). Pour eux, NextGenerationEU était une exception qui ne doit pas devenir la règle. Ils craignent qu'une nouvelle mutualisation de la dette n'instaure une "union de transferts" permanente, où leurs contribuables finiraient par payer pour les dettes des pays jugés moins vertueux. Ils estiment que la défense reste une compétence nationale et doit être financée par des budgets nationaux. Ce blocage politique sur la mutualisation est le nœud gordien de la crise.

En l'absence d'un mécanisme de financement commun, le fardeau repose sur deux acteurs : les États nationaux, qui s'endettent à des vitesses différentes et à des coûts différents, et la Banque Centrale Européenne, qui se retrouve en dernière ligne. La BCE dispose bien d'outils, comme le Transmission Protection Instrument (TPI), conçus pour éviter une spéculation injustifiée sur la dette d'un pays. Mais cet instrument est assorti de conditions strictes et ne peut être activé que si un pays respecte les règles budgétaires européennes. Il ne peut servir à financer des déficits structurels, même s'ils sont causés par des dépenses de défense jugées vitales. La BCE ne peut pas résoudre une contradiction qui est fondamentalement politique.

Conclusion : Au bord du précipice financier

Le financement du grand réarmement européen n'est donc pas un long fleuve tranquille. C'est une navigation à haut risque dans un champ de mines financier. L'Europe a choisi la voie la plus dangereuse : le financement par le déficit national, dans un contexte de dette déjà record et de taux d'intérêt élevés, et en l'absence d'un consensus politique sur la solidarité budgétaire.

En 2026, l'édifice financier de la zone euro est soumis à une tension extrême. Chaque émission d'obligations par un pays comme l'Italie ou la France est un test de confiance. Chaque déclaration d'un ministre des finances allemand ou d'un gouverneur de la BCE est scrutée à la loupe par des marchés nerveux. Le spectre de 2012, celui des "spreads" qui s'envolent, des sommets de la dernière chance et des plans de sauvetage douloureux, n'est plus une lointaine réminiscence historique. Il est redevenu une possibilité tangible.

Le paradoxe est tragique. Poussée par une menace extérieure, l'Union européenne a trouvé en elle une unité politique et une détermination stratégique qu'on ne lui connaissait plus. Mais cette même menace la confronte à ses démons intérieurs et à ses divisions les plus profondes. Le financement de sa survie militaire pourrait bien déclencher la crise de sa survie financière. La question de savoir comment l'Europe va gérer cette contradiction, et si elle en est seulement capable, est l'objet des chapitres qui suivent.

Chapitre 4 : Le complexe militaro-industriel européen : Moteur ou boulet ?

Introduction : L'ombre d'Eisenhower sur le Vieux Continent

En janvier 1961, dans son discours d'adieu à la nation américaine, le président Dwight D. Eisenhower, ancien Commandant suprême des Forces alliées en Europe, laissa un avertissement prophétique. Il mit en garde ses concitoyens contre "l'acquisition d'une influence injustifiée, qu'elle soit recherchée ou non, par le complexe militaro-industriel". Ce complexe, décrivait-il, était une "conjonction d'un immense établissement militaire et d'une grande industrie de l'armement", une force nouvelle dont le "poids total – économique, politique, voire spirituel – se fait sentir dans chaque ville, chaque assemblée d'État, chaque bureau du gouvernement fédéral". Eisenhower ne plaidait pas pour le désarmement, mais pour la vigilance citoyenne face à une entité dont les intérêts propres ne coïncideraient pas toujours avec ceux de la nation.

Plus de soixante ans plus tard, cet avertissement résonne avec une acuité particulière sur le Vieux Continent. Confrontée au retour de la guerre de haute intensité, l'Europe se lance dans un effort de réarmement qui injecte des centaines de milliards d'euros dans sa propre version de ce complexe : la Base Industrielle et Technologique de Défense Européenne (BITDE). Dans le discours des dirigeants européens, cette BITDE est présentée comme un atout majeur, un "moteur". Elle doit être le fer de lance de l'autonomie stratégique du continent, un creuset d'innovation technologique, un pourvoyeur d'emplois de haute qualité et, en fin de compte, le garant de la sécurité européenne. L'argent dépensé pour la défense, selon cette vision, est un investissement dans la souveraineté et la prospérité futures.

Ce chapitre se propose de soumettre cette vision optimiste à un examen critique impitoyable. Il pose une question simple et dérangeante : et si la BITDE, dans sa configuration actuelle, n'était pas le moteur de la solution, mais un "boulet" qui fait partie intégrante du problème ? Nous soutiendrons que, loin d'être un écosystème intégré et efficace, le complexe militaro-industriel européen est une créature fondamentalement politique, marquée par une fragmentation profonde, des inefficacités structurelles et une gouvernance défaillante.

Nous analyserons comment cette structure imparfaite place les nations européennes face à un dilemme cornélien entre l'achat rapide d'équipements étrangers et le soutien long et coûteux à leurs propres champions. Nous déconstruirons le mythe tenace des "retombées technologiques" du secteur de la défense dans une économie numérique où l'innovation civile a souvent dépassé l'innovation militaire. Enfin, nous explorerons la face sombre de ce complexe : sa tendance endémique aux surcoûts, aux retards et à la capture réglementaire, qui transforme des programmes vitaux en gouffres financiers. L'analyse montrera que le torrent de liquidités qui inonde la BITDE depuis 2022, loin de résoudre ses problèmes structurels, risque de les renforcer, créant un système qui absorbe des ressources massives pour une efficacité stratégique et économique finalement décevante.

1. Un colosse aux pieds d'argile : État des lieux d'une industrie fragmentée

Le premier et plus grand handicap de la BITDE est qu'elle n'existe pas en tant qu'entité unique et cohérente. Elle est un archipel d'industries de défense nationales, un ensemble de "champions" jalousement protégés par leurs gouvernements respectifs. Là où les États-Unis ont consolidé leur industrie de défense après la Guerre Froide autour d'une poignée de géants (Lockheed Martin, Boeing, Raytheon, Northrop Grumman, General Dynamics), l'Europe a maintenu une mosaïque d'acteurs, souvent en compétition les uns avec les autres sur le marché mondial.

Cette fragmentation est l'héritage direct de la construction européenne, où la défense est restée l'une des dernières prérogatives quasi-exclusives de l'État-nation. Chaque grand pays a cherché à préserver sa propre souveraineté industrielle dans les domaines jugés critiques : la France avec Dassault (aviation de combat), Naval Group (naval) et Nexter (terrestre) ; l'Allemagne avec Rheinmetall et Krauss-Maffei Wegmann (KMW) pour les blindés ; l'Italie avec Leonardo (électronique, hélicoptères) et Fincantieri (naval) ; la Suède avec Saab (aviation, systèmes de combat) ; et le Royaume-Uni avec BAE Systems (un acteur paneuropéen mais dont le centre de gravité reste britannique).

En 2026, les conséquences de cette fragmentation sont visibles et dramatiques à plusieurs niveaux :

La duplication des équipements et des coûts. Le symptôme le plus célèbre de cette fragmentation est la prolifération irrationnelle de systèmes d'armes concurrents pour répondre à des besoins militaires pourtant similaires. Avant le choc de 2022, les armées de l'Union européenne utilisaient 17 types différents de chars de combat principaux, contre un seul aux États-Unis (le M1 Abrams, dans ses différentes versions). On dénombrait près de 30 types de frégates et de destroyers, et 20 types d'avions de combat. Cette duplication a un coût exorbitant. Chaque système nécessite sa propre chaîne de recherche et développement, ses propres lignes de production, sa propre logistique de maintenance et sa propre filière de formation. Au lieu de bénéficier d'économies d'échelle massives en produisant une seule plateforme en grande quantité, les Européens financent de multiples petites séries, ce qui fait exploser les coûts unitaires et le coût de possession sur le long terme. Le marché européen de la défense est, selon l'expression consacrée, un ensemble de "chapelles nationales" qui empêche toute rationalisation industrielle.

Le manque d'interopérabilité. Au-delà du coût, cette duplication crée un cauchemar logistique et un handicap stratégique majeur. Sur un théâtre d'opérations, le manque d'interopérabilité signifie que les munitions d'un pays ne sont pas compatibles avec l'artillerie d'un autre, que les systèmes de communication des différentes armées ne peuvent pas échanger de données sécurisées de manière fluide, ou que les pièces de rechange d'un véhicule ne peuvent pas être utilisées par un allié. La guerre en Ukraine a montré l'importance vitale d'une logistique sans faille. L'hétérogénéité des équipements européens est un obstacle structurel à l'efficacité d'une force de coalition purement européenne.

Le protectionnisme et la préférence nationale. Cette fragmentation est entretenue par des pratiques protectionnistes. Malgré les règles du marché unique, les contrats de défense échappent en grande partie à la concurrence ouverte, les gouvernements invoquant l'article 346 du Traité sur le Fonctionnement de l'UE qui leur permet de déroger aux règles de la concurrence pour protéger leurs intérêts essentiels de sécurité. En pratique, cela signifie qu'un gouvernement français achètera presque toujours un avion Dassault, et un gouvernement allemand un char KMW/Rheinmetall, même si une solution alternative (européenne ou non) était moins chère ou plus performante. Cette préférence nationale garantit la survie des champions nationaux, mais elle les protège aussi de la pression concurrentielle qui les pousserait à être plus efficaces et innovants.

En 2026, l'urgence du réarmement met cette structure sous une pression intenable. Le besoin de produire vite et en masse se heurte à un appareil industriel fragmenté, non standardisé et lent. La BITDE apparaît alors moins comme un colosse prêt au combat que comme un géant aux pieds d'argile, puissant en apparence mais structurellement fragile et désordonné.

2. Le dilemme cornélien : "Acheter européen" contre "Acheter sur étagère"

Face à l'inefficacité relative de leur propre base industrielle et à l'urgence de la menace, les gouvernements européens se retrouvent confrontés à un choix stratégique déchirant, un véritable dilemme cornélien entre la souveraineté à long terme et l'efficacité à court terme.

La voie de la facilité : "Acheter sur étagère" ("off-the-shelf"). Cette option consiste à acheter des équipements militaires existants, éprouvés et disponibles rapidement, principalement auprès des États-Unis et, dans une moindre mesure, d'autres pays comme la Corée du Sud ou Israël. Les arguments en faveur de cette approche sont puissants et pragmatiques :

- **La rapidité :** La chaîne de production américaine du F-35 ou des lance-roquettes HIMARS tourne à plein régime. Commander ces systèmes permet de les recevoir en quelques années, alors qu'il faudrait plus d'une décennie pour développer un équivalent européen.
- **L'interopérabilité au sein de l'OTAN :** Acheter américain, c'est acheter le "standard OTAN". Cela garantit une compatibilité technique et doctrinale totale avec la première puissance militaire de l'Alliance, simplifiant les opérations conjointes.
- **Les coûts unitaires :** Grâce aux énormes séries produites pour l'armée américaine et les nombreux clients à l'export, le coût par unité d'un système américain est souvent inférieur à celui d'un concurrent européen produit en petite série.

L'Allemagne, avec ses achats de F-35 et d'hélicoptères Chinook, et la Pologne, avec ses méga-contrats américains et sud-coréens, sont les exemples les plus spectaculaires de cette approche. C'est le choix de l'efficacité immédiate, dicté par la perception d'un danger imminent.

La voie de l'ambition : "Acheter et développer européen". Cette seconde option, ardemment défendue par la France et les institutions européennes, privilégie l'acquisition d'équipements produits par la BITDE, voire le lancement de nouveaux programmes en coopération pour développer les capacités de demain. Les arguments sont d'ordre stratégique et économique :

- **L'autonomie stratégique :** C'est l'argument central. Dépendre de fournisseurs extra-européens, c'est se soumettre à leur calendrier politique et à leur législation. Les équipements militaires américains sont soumis aux restrictives réglementations ITAR (International Traffic in Arms Regulations), qui donnent à Washington un droit de regard sur leur utilisation, leur maintenance et leur revente. Une future administration américaine pourrait, d'un trait de plume, décider de couper l'approvisionnement en pièces de rechange ou de refuser une mise à jour logicielle, clouant au sol les flottes d'avions européens. Seule une industrie souveraine garantit une totale liberté d'action.
- **Les retombées économiques :** Comme nous l'avons vu, acheter non-européen constitue une "fuite" de capital hors de l'économie européenne. Acheter européen, au contraire, permet de financer des emplois, de la R&D et des compétences sur le continent.
- **Le maintien des compétences :** Le développement de systèmes complexes (avions de combat, sous-marins) requiert des compétences de pointe dans des bureaux d'études. Si l'Europe cesse de concevoir ses propres plateformes, elle perdra ce savoir-faire de manière irréversible.

En 2026, ce dilemme est la principale ligne de fracture de la politique de défense européenne. La Commission européenne, via le Fonds Européen de Défense (FED), tente d'inciter les États membres à collaborer et à acheter européen en subventionnant les projets communs. Mais ses outils financiers restent modestes face à l'ampleur des budgets nationaux. Le résultat est une politique schizophrénique : d'un côté, on finance des projets d'avenir comme le SCAF (Système de Combat Aérien du Futur) franco-germano-espagnol, qui symbolise l'ambition d'autonomie. De l'autre, on achète massivement des F-35 américains, qui sont les concurrents directs du SCAF. Cette contradiction fondamentale affaiblit la crédibilité de l'autonomie stratégique et envoie des signaux confus à une industrie qui a besoin de visibilité à long terme.

3. Le mythe des retombées technologiques ("spillovers") à l'ère numérique

Un des arguments les plus anciens et les plus tenaces en faveur d'un investissement public massif dans la défense est celui des "retombées technologiques" ou "spillovers". L'idée est que la recherche et développement militaire, en repoussant les frontières de la technologie, finit par irriguer l'ensemble de l'économie civile avec des innovations de rupture. Les exemples historiques sont célèbres : le radar, la propulsion à réaction, le nucléaire, le GPS et bien sûr Internet, issu du projet ARPANET du département de la Défense américain. Dans cette vision, dépenser pour la défense, c'est aussi investir dans la base technologique future du pays.

Ce chapitre soutient que, si cet argument a pu être valide par le passé, il est devenu en grande partie un mythe à l'ère numérique. Le paradigme de l'innovation s'est inversé.

Le basculement de la source de l'innovation. Durant la Guerre Froide, les États et leurs complexes militaires étaient les seuls acteurs capables de mobiliser les capitaux et les talents nécessaires pour des projets de R&D à très haut risque. Aujourd'hui, dans de nombreux domaines technologiques de pointe, le secteur privé civil est devenu le principal moteur de l'innovation. Les géants de la tech de la Silicon Valley ou de Shenzhen investissent des dizaines de milliards de dollars chaque année dans des domaines comme l'intelligence artificielle, l'informatique quantique, la biotechnologie, les réseaux de communication ou les lanceurs spatiaux. Leur rythme d'innovation est bien plus rapide que celui des lourds programmes d'armement étatiques.

Des "spillovers inversés". En conséquence, le flux des retombées s'est souvent inversé. Ce n'est plus le militaire qui irrigue le civil, mais le civil qui fournit au militaire ses briques technologiques les plus avancées. L'exemple le plus frappant est celui des drones en Ukraine : les armées utilisent massivement des drones commerciaux (comme ceux du chinois DJI) modifiés pour la reconnaissance ou le largage de petites charges explosives. De même, les communications par satellite de l'armée ukrainienne ont reposé de manière cruciale sur la constellation commerciale Starlink de SpaceX. Les armées modernes sont devenues des "intégrateurs" de technologies civiles, qu'elles adaptent et "durcissent" pour un usage militaire.

La spécialisation extrême de la R&D militaire. La recherche purement militaire se concentre désormais sur des domaines si spécifiques qu'ils ont très peu, voire pas, d'applications civiles directes. Les avancées dans les matériaux furtifs, la propulsion hypersonique, les explosifs à haute performance ou les contre-mesures électroniques sont des niches technologiques qui ne "diffuseront" pas dans l'économie de tous les jours. L'argent public investi dans ces domaines reste donc largement captif du secteur de la défense.

Argumenter en 2026 que les 413 milliards de la Loi de Programmation Militaire française vont générer le "prochain Internet" est donc une fiction économique. Il est bien plus probable que l'inverse se produise : en attirant les meilleurs ingénieurs et les crédits de recherche publics, le secteur de la défense "évince" des talents et des capitaux qui auraient pu être investis dans des secteurs civils à plus fort potentiel de croissance et d'innovation (voir chapitre 2). Le complexe militaire n'est plus la locomotive technologique de l'économie ; il est devenu un wagon très gourmand qui ralentit parfois le reste du train.

4. Gouvernance, inefficacité et capture réglementaire : La face sombre du complexe

Le dernier clou dans le cercueil de l'argument du "moteur économique" est la gouvernance désastreuse et l'inefficacité structurelle qui caractérisent le marché de l'armement. Ce n'est pas un marché normal régi par les lois de la concurrence, mais un écosystème politico-économique aux règles opaques, intrinsèquement sujet au gaspillage.

Un marché non-concurrentiel. Le marché de la défense est un **monopsone** (un seul acheteur, l'État) faisant face à un **oligopole** (quelques grands vendeurs). Cette structure de marché annule les mécanismes de discipline par les prix. Les entreprises ne sont pas en concurrence pour offrir le meilleur produit au prix le plus bas, mais pour nouer la relation la plus étroite avec le client étatique.

La dérive systématique des coûts et des délais. Cette absence de concurrence, combinée à la complexité extrême des programmes, conduit à un phénomène quasi-universel dans tous les pays occidentaux : la dérive systématique des coûts et des calendriers. Les exemples européens sont légion :

- L'avion de transport militaire **Airbus A400M** a connu des années de retard et un surcoût de plusieurs milliards d'euros, nécessitant un sauvetage par les États clients.
- Le programme de frégates multi-missions (**FREMM**) franco-italien a vu ses coûts unitaires grimper au fur et à mesure que le nombre de navires commandés était réduit.
- Le programme d'avion de combat **Eurofighter Typhoon**, fruit d'une coopération entre quatre pays, a été un cas d'école de complexité industrielle et de dépassements budgétaires.

Cette "loi d'airain" des programmes d'armement signifie qu'une part significative des milliards injectés dans la BITDE ne se traduit pas en capacités militaires supplémentaires, mais est simplement absorbée par l'inefficacité du système.

Le "juste retour" et le "Meccano" industriel. Dans les programmes en coopération, l'inefficacité est institutionnalisée par le principe du "juste retour" ou "workshare". La répartition des tâches industrielles n'est pas décidée en fonction de la compétence ou de l'efficacité, mais en fonction du pourcentage de financement apporté par chaque pays partenaire. Chaque pays veut sa part du gâteau industriel sur son territoire. Cela conduit à des aberrations logistiques, comme la construction de différents tronçons d'un avion dans quatre pays différents, qui doivent ensuite être assemblés sur un cinquième site. Les programmes SCAF et MGCS, piliers de l'Europe de la défense, sont déjà, en 2026, minés par des batailles féroces entre les industriels français et allemands pour le leadership et le partage des tâches, ce qui augure mal de leur efficacité future.

La capture réglementaire et le lobbying. Enfin, l'influence politique de ce complexe est immense. Les grands groupes de défense sont des employeurs majeurs, souvent situés dans des régions politiquement sensibles. Ils entretiennent des relations étroites avec les responsables politiques, les hauts fonctionnaires et les militaires. Ce lobbying intense conduit à un phénomène de "capture réglementaire", où les besoins militaires sont parfois définis non pas en fonction de la réalité de la menace, mais en fonction des produits que les champions nationaux sont capables de fournir. On finit par construire des équipements "plaqués or", sur-spécifiés et excessivement chers, parce que le système est conçu pour s'auto-alimenter.

Conclusion : Un moteur grippé, un boulet très lourd

L'analyse de la Base Industrielle et Technologique de Défense Européenne en 2026 conduit à un verdict sévère. Loin d'être le moteur rutilant de l'autonomie et de la prospérité européennes, le complexe militaro-industriel du continent ressemble davantage à un moteur ancien, grippé et extrêmement gourmand en carburant.

Il est un **boulet structurel**, car sa fragmentation le rend incapable de répondre avec l'agilité et l'efficacité requises à l'urgence de la situation, tout en générant des surcoûts massifs et des faiblesses stratégiques. Il est un **boulet politique**, car il enferme les nations dans un dilemme paralysant entre la souveraineté et l'efficacité, créant des divisions profondes sur la marche à suivre. Il est un **boulet économique**, car l'argument de ses retombées positives sur l'innovation et la croissance ne résiste pas à l'analyse dans le contexte du XXIe siècle, tandis que sa gouvernance défaillante en fait un formidable gaspilleur de deniers publics.

Le paradoxe tragique de 2026 est que l'Europe, pour sa survie, est contrainte de déverser des fonds sans précédent dans cette machine imparfaite. Le mur d'argent qui s'abat sur la BITDE risque de cimenter ses pires défauts. En arrosant de contrats un système non réformé, on réduit l'incitation au changement, on renforce le pouvoir des monopoles nationaux et on nourrit les inefficacités.

Le complexe militaro-industriel européen n'est donc pas la solution miracle. Il est un outil indispensable mais profondément défectueux. Le coût de son utilisation ne se mesure pas seulement en euros, mais aussi en retards, en capacités perdues et en tensions politiques. Ces tensions, précisément, ne sont pas les mêmes à Berlin, à Paris, à Varsovie ou à Rome. Comme nous le verrons dans le chapitre suivant, la manière dont chaque grande nation européenne interagit avec ce complexe industriel et affronte le mur de la dette révèle des fractures de plus en plus béantes au sein de l'Union.

Chapitre 5 : Les nouvelles lignes de fracture : Études de cas nationaux

Introduction : L'Europe, un continent uni dans la diversité de ses angoisses

Les chapitres précédents ont dépeint les forces titanesques qui exercent leur pression sur l'Union européenne : un impératif de réarmement aux coûts astronomiques et une contrainte de la dette qui menace la stabilité financière du continent. Ces forces, analysées à un niveau macroéconomique et stratégique, pourraient laisser croire à une expérience uniformément partagée, à un destin commun subi de la même manière de Lisbonne à Helsinki. Or, rien n'est plus éloigné de la réalité de 2026. L'Union européenne, selon sa devise, est "unie dans la diversité", et cette diversité s'exprime de la manière la plus crue et la plus dangereuse lorsqu'elle est soumise à un stress existentiel.

Ce chapitre quitte le survol panoramique pour plonger au cœur des réacteurs nationaux. Il propose d'examiner, à travers quatre études de cas emblématiques, comment la double crise de la guerre et de la dette se réfracte différemment à travers le prisme des histoires nationales, des cultures politiques, des modèles économiques et des positions géographiques. L'Allemagne, la France, la Pologne et l'Italie ne sont pas seulement quatre grands pays de l'Union ; ils sont les archétypes des dilemmes et des contradictions qui déchirent le continent.

En analysant leurs trajectoires divergentes, nous mettrons au jour les nouvelles lignes de fracture qui parcourent l'Europe. Ces fractures ne sont plus seulement économiques, comme la traditionnelle division Nord-Sud de la crise de 2012. Elles sont aussi stratégiques, opposant une Europe de l'Est pressée et pragmatique à une Europe de l'Ouest plus dogmatique. Elles sont politiques, faisant s'affronter des visions irréconciliables de la souveraineté et de la solidarité. Loin de forger une unité d'acier face à la menace, le réarmement est en train de révéler et d'exacerber les fissures structurelles du projet européen. Ce voyage au cœur des capitales est essentiel pour comprendre pourquoi, en 2026, la plus grande menace pour l'Europe pourrait ne pas venir de l'extérieur, mais de ses propres divisions internes.

1. L'Allemagne : Le géant entravé par ses propres règles

Le *Zeitenwende* proclamé par Olaf Scholz en février 2022 devait marquer le réveil du "géant endormi" de l'Europe. Avec la première économie du continent et un fonds spécial de 100 milliards d'euros, l'Allemagne avait, sur le papier, les moyens de devenir le pilier de la nouvelle architecture de défense européenne. Pourtant, en 2026, le sentiment qui domine à Berlin et parmi ses alliés est celui d'une immense frustration. L'Allemagne est un géant qui a décidé de bouger, mais qui se découvre entravé par des chaînes qu'il s'est lui-même forgées au fil des décennies. Son dilemme n'est pas tant une question de volonté politique que de capacité structurelle à mettre cette volonté en œuvre.

La première chaîne est constitutionnelle et budgétaire : le *Schuldenbremse* (frein à l'endettement). Inscrit dans la Loi fondamentale, ce mécanisme interdit au gouvernement fédéral de contracter un déficit structurel supérieur à 0,35 % du PIB. C'est le dogme de l'orthodoxie budgétaire allemande, l'incarnation de la peur panique de la dette et de l'inflation. Le fonds spécial de 100 milliards a été une astuce comptable géniale pour contourner temporairement cette règle, mais il a créé une illusion dangereuse. En 2026, ce fonds est presque entièrement engagé et ses décaissements s'étaleront jusqu'en 2027 ou 2028. La question qui hante Berlin est : "Et après ?". Pour maintenir les dépenses de défense au-dessus de 2 % du PIB de manière structurelle, comme l'exige l'OTAN, le gouvernement devra trouver chaque année entre 20 et 30 milliards d'euros supplémentaires dans son budget ordinaire. Avec le frein à l'endettement, cela signifie un arbitrage d'une brutalité inouïe. Chaque euro pour un char Leopard sera un euro en moins pour la rénovation des chemins de fer, la transition écologique ou les subventions sociales. Cette perspective paralyse la coalition au pouvoir, divisée entre les sociaux-démocrates et les Verts, réticents à couper dans le social et l'écologie, et les libéraux du FDP, gardiens du temple de la rigueur budgétaire.

La deuxième chaîne est culturelle et administrative. Le pacifisme d'après-guerre a profondément imprégné non seulement la société allemande, mais aussi sa bureaucratie. L'appareil d'acquisition de la défense (le BAAINBw) est une machine kafkaïenne, notoirement lente, averse au risque et soumise à des contrôles parlementaires extrêmement stricts. Des milliards sont disponibles, mais le système est incapable de les dépenser rapidement et efficacement. Les grands programmes d'armement prennent des années à être validés, créant un décalage exaspérant entre les annonces politiques et la livraison des équipements sur le terrain. Cette lenteur est une source de tension majeure avec les alliés de l'Est, qui voient l'Allemagne comme un partenaire riche et puissant mais peu fiable en cas de crise aiguë.

La troisième chaîne est stratégique. Le *Zeitenwende* a poussé l'Allemagne à des choix rapides, souvent au détriment de la cohérence européenne. L'achat massif d'équipements américains (F-35, Chinook) et israéliens (Arrow 3), bien que justifié par l'urgence, a été perçu à Paris comme une trahison de l'ambition d'autonomie stratégique européenne. En privilégiant l'efficacité immédiate et le renforcement de son lien avec Washington, Berlin a affaibli des programmes de coopération structurants comme le SCAF. En 2026, l'Allemagne est ainsi au cœur d'une contradiction stratégique : elle prône une Europe de la défense plus forte mais ses décisions d'achat la rendent plus dépendante des États-Unis.

Le cas allemand est celui d'une puissance qui lutte pour réconcilier ses nouvelles responsabilités géopolitiques avec son ADN politique et économique. C'est la ligne de fracture entre l'ambition proclamée et la réalité institutionnelle, une fracture qui ralentit l'effort de défense européen et crée des frictions profondes au sein du moteur franco-allemand.

2. La France : La solitude de la puissance face au mur de la dette

Si l'Allemagne est le géant entravé, la France est la puissance ambitieuse mais solitaire. Contrairement à son voisin, elle n'a jamais connu de rupture dans sa pensée stratégique. Dotée de l'arme nucléaire, d'une armée aguerrie par des décennies d'opérations extérieures et d'une industrie de défense complète, la France se perçoit comme le leader naturel de l'Europe de la défense. Le choc de 2022 a été vu à Paris non pas comme une révolution, mais comme une validation tragique de ses avertissements de longue date sur la nécessité d'une "autonomie stratégique européenne". L'ambitieuse Loi de Programmation Militaire 2024-2030, avec ses 413 milliards d'euros, est la traduction budgétaire de cette vision.

Pourtant, en 2026, cette ambition se heurte de plein fouet au mur de la réalité économique, et le leadership français se teinte d'une profonde solitude.

Le premier défi est celui de la soutenabilité financière. La France a abordé cette ère de réarmement avec des finances publiques parmi les plus dégradées d'Europe : une dette publique supérieure à 110 % du PIB et un déficit structurel élevé. L'augmentation massive et pérenne des dépenses militaires entre en collision directe avec les exigences du Pacte de Stabilité européen et la surveillance des marchés financiers. Contrairement à l'Allemagne, la France n'a pas de "frein à la dette" constitutionnel, mais elle a la pression des agences de notation et le spectre de la hausse des "spreads". Le gouvernement français est pris dans un étau : comment financer un effort de défense de premier plan tout en maintenant l'un des modèles sociaux les plus généreux au monde et en essayant de contenir sa dette ? L'équation est, à terme, insoluble sans des choix déchirants qui, jusqu'à présent, ont été repoussés. Cette fragilité financière est le talon d'Achille de l'ambition stratégique française.

Le second défi est l'isolement diplomatique. La France pousse sans relâche pour des solutions européennes : mutualisation de la dette pour la défense, préférence européenne pour les achats d'armement, développement de programmes en coopération. Or, elle se heurte à un mur de scepticisme. L'Allemagne et les pays "frugaux" rejettent l'idée d'Eurobonds de la défense. Les pays de l'Est, traumatisés par la guerre, font une confiance quasi-exclusive à l'OTAN et aux garanties de sécurité américaines ; pour eux, l'autonomie stratégique française est au mieux une distraction, au pire une tentative deaffaiblir le lien transatlantique. Le choix de nombreux pays européens de se tourner vers le F-35 américain plutôt que vers le Rafale français ou le projet SCAF est vécu à Paris comme un camouflet politique et industriel.

En 2026, la France est donc dans une position paradoxale. Elle est le seul pays de l'UE à posséder à la fois une vision stratégique claire, un outil militaire complet et une base industrielle souveraine. Mais sa voix porte de moins en moins, car son modèle économique apparaît fragile et ses appels à la souveraineté européenne sont perçus par beaucoup comme la défense de ses propres intérêts industriels. C'est la ligne de fracture entre l'ambition de leadership et la réalité de l'isolement, une fracture qui affaiblit la capacité de l'Europe à se penser comme un acteur stratégique uni.

3. La Pologne et le flanc Est : La sécurité existentielle avant tout

La perspective change radicalement lorsque l'on franchit l'Oder. Pour la Pologne, la Lettonie, la Lituanie et l'Estonie, le débat qui agite Paris et Berlin sur les modalités du réarmement est un luxe qu'ils estiment ne pas pouvoir se permettre. Pour ces pays, la menace russe n'est pas un concept géopolitique ; c'est une réalité immédiate, tangible, inscrite dans leur géographie et leur histoire. Leur réponse n'est pas dictée par la théorie macroéconomique ou la doctrine stratégique, mais par un impératif de survie.

La primauté absolue de la sécurité. La Pologne est le cas d'école de cette nouvelle dynamique. En décidant de porter ses dépenses de défense à plus de 4 % de son PIB, Varsovie a fait un choix clair : l'invulnérabilité militaire est l'objectif numéro un, et toutes les autres considérations lui sont subordonnées. Le débat "canons contre beurre" est tranché. La société polonaise, toutes tendances politiques confondues, semble largement accepter ce contrat social : des sacrifices sur d'autres politiques publiques sont nécessaires pour garantir l'intégrité du territoire. Cet effort vise à faire de l'armée polonaise la plus puissante force terrestre conventionnelle d'Europe, dans le but explicite de dissuader toute agression.

Le pragmatisme et l'atlantisme. Face à l'urgence, les pays du flanc Est ont adopté une approche radicalement pragmatique en matière d'acquisitions. Ils achètent ce qui est disponible le plus vite possible et le plus performant possible, sans considération pour l'origine "européenne" du matériel. La Pologne est devenue le meilleur client des industries de défense américaine (chars Abrams, HIMARS, F-35) et sud-coréenne (chars K2, obusiers K9). Cette stratégie a deux conséquences majeures. D'une part, elle rend leurs armées extrêmement interopérables avec les forces américaines, renforçant leur ancrage dans l'OTAN, qui reste pour eux le seul garant crédible de leur sécurité. D'autre part, elle torpille consciemment l'idée d'une industrie de défense européenne intégrée. Pourquoi attendre dix ou quinze ans un hypothétique char franco-allemand (MGCS) quand on peut recevoir des centaines de chars Abrams et K2 en quelques années ?

L'émergence d'un nouveau centre de gravité. En 2026, cet effort militaire massif fait de la Pologne un acteur incontournable de la sécurité européenne. Un nouveau centre de gravité politique et militaire se déplace vers l'Est. Ce déplacement crée une nouvelle ligne de fracture majeure Est-Ouest au sein de l'UE. Les pays de l'Est, qui se sont longtemps sentis traités comme des membres de seconde zone, revendiquent désormais un leadership moral et stratégique. Ils reprochent à la "vieille Europe", et en particulier à la France et à l'Allemagne, leur complaisance passée vis-à-vis de la Russie et leur lenteur actuelle à prendre la mesure de la menace. Cette fracture est fondamentale car elle oppose deux visions de la sécurité européenne : l'une, occidentale, qui rêve d'autonomie et de puissance, l'autre, orientale, qui ne jure que par l'OTAN et le réalisme.

4. L'Italie et l'Europe du Sud : L'impossible quadrature du cercle

La quatrième ligne de fracture est celle qui sépare les pays qui ont les moyens (même avec difficulté) de leur réarmement, de ceux qui n'en ont tout simplement pas. L'Italie, troisième économie de la zone euro, est l'archétype de ce groupe, qui inclut aussi l'Espagne et, dans une moindre mesure, la Grèce. Ces pays sont confrontés à la même menace et aux mêmes exigences de l'OTAN, mais ils sont pris au piège d'une équation budgétaire insoluble.

Le carcan de la dette et de la faible croissance. L'Italie a abordé la crise avec un ratio dette/PIB de plus de 140 % et une croissance structurellement faible depuis plus de vingt ans. Pour Rome, la hausse des taux d'intérêt n'est pas une question théorique ; c'est un couperet qui tombe chaque jour sur son budget. La charge de la dette absorbe une part colossale des recettes de l'État. Dans ce contexte, trouver les milliards nécessaires pour porter durablement les dépenses militaires à 2 % du PIB relève de la quadrature du cercle. Cela exigerait des coupes claires dans des budgets sociaux (retraites, santé) qui sont déjà sous tension dans une société vieillissante, ce qui est politiquement et socialement explosif.

Une participation à "coût maîtrisé". Incapables de financer un réarmement de masse comme la Pologne, l'Italie et l'Espagne adoptent une stratégie de "participation à coût maîtrisé". Elles contribuent à des missions européennes et de l'OTAN, modernisent certains équipements clés (notamment dans la marine et l'aviation, où elles disposent d'une industrie de qualité avec Fincantieri et Leonardo), mais elles sont incapables de suivre le rythme imposé par le nouveau contexte. Cela crée de facto une **Europe de la défense à plusieurs vitesses**, avec un noyau de pays qui se réarment massivement et une périphérie qui peine à suivre, augmentant sa dépendance à la protection des autres.

La résurgence de la fracture Nord-Sud. Cette situation ravive la vieille fracture Nord-Sud de la crise financière. Les pays du Sud, comme l'Italie, sont les plus ardents défenseurs d'un financement commun de la défense via des Eurobonds, car c'est la seule solution viable pour eux. Face au refus des pays du Nord, un sentiment de ressentiment et de double standard s'installe. Comment Bruxelles peut-elle exiger de l'Italie qu'elle respecte une discipline budgétaire stricte tout en lui reprochant de ne pas dépenser assez pour la défense commune ? Cette contradiction est une bombe à retardement politique. Elle nourrit les discours populistes et anti-européens et fragilise la cohésion de la zone euro, rappelant les pires heures de la crise de la dette souveraine.

Conclusion : Une Union craquelée de toutes parts

Le tour d'horizon des capitales européennes en 2026 laisse une impression vertigineuse. Le choc externe de la guerre en Ukraine, qui aurait pu et dû être le plus puissant des ciments pour le projet européen, agit en réalité comme un révélateur et un accélérateur de ses divisions internes.

Les quatre études de cas ont mis en lumière des lignes de fracture profondes et potentiellement irréconciliables. Une fracture au sein du moteur **franco-allemand**, paralysé par des philosophies et des contraintes opposées. Une fracture **Est-Ouest**, qui oppose une vision atlantiste et pragmatique à une vision européenne et autonomiste de la sécurité. Et une fracture **Nord-Sud**, qui ressuscite le spectre de la crise de la dette en opposant les pays qui ont une marge de manœuvre budgétaire à ceux qui n'en ont aucune.

Ces fractures ne sont pas anecdotiques. Elles paralysent la prise de décision, empêchent la mutualisation des efforts et créent une méfiance réciproque entre les États membres. Elles montrent une Union européenne qui, face à sa plus grande épreuve, avance en ordre dispersé. Le spectre de la guerre a forcé l'Europe à regarder son destin en face. Mais ce faisant, il lui a aussi montré un visage qu'elle préférerait ignorer : celui d'une Union craquelée de toutes parts, dont la cohésion est peut-être la première et la plus importante des victimes.

Chapitre 6 : Le coût d'opportunité social : La grande redistribution silencieuse

Introduction : Le prix invisible de la sécurité

Le coût d'une guerre, ou de sa préparation, ne se mesure jamais seulement au prix des armes. Le bilan financier, aussi astronomique soit-il, n'est que la partie émergée de l'iceberg. Le coût véritable, le plus profond et le plus durable, est un coût d'opportunité : il se mesure dans les hôpitaux non construits, les professeurs non recrutés, les ponts non réparés et les avancées écologiques non réalisées. Chaque euro dépensé pour un obus d'artillerie est un euro qui a été délibérément retiré d'un autre projet de société. Il s'agit d'un arbitrage, et cet arbitrage, répété des millions de fois dans les budgets nationaux, constitue l'acte politique le plus lourd de conséquences de notre époque.

Pourtant, cette redirection massive de la richesse collective s'opère dans une forme de silence. Il n'y a pas de grand référendum demandant aux citoyens s'ils préfèrent un escadron de chasseurs à la rénovation thermique de leurs écoles. Il n'y a pas de déclaration publique annonçant que la lutte contre le changement climatique sera mise en pause pour financer de nouvelles frégates. Ce processus prend la forme d'une myriade de décisions techniques, de lignes budgétaires modifiées et de projets "reportés" indéfiniment. C'est une **grande redistribution silencieuse** : un transfert massif de ressources, de l'avenir vers le présent, du social vers le militaire, du collectif vers un secteur spécialisé, sans que jamais un débat démocratique clair n'ait lieu sur l'ampleur de ce sacrifice.

Ce chapitre se propose de lever le voile sur ce coût d'opportunité social. Il va au-delà des chiffres macroéconomiques pour examiner les conséquences concrètes du réarmement sur le contrat social européen.

Nous revisiterons d'abord le dilemme classique des "canons contre le beurre", en montrant comment, en 2026, il s'est transformé en un arbitrage bien plus complexe qui met en péril l'État-providence. Nous analyserons ensuite comment le projet le plus ambitieux de l'Europe pour son avenir, le Pacte Vert, est devenu la principale victime collatérale de la nouvelle urgence sécuritaire. Enfin, nous explorerons les conséquences politiques de cette redistribution : la montée d'une "fatigue du soutien" au sein des opinions publiques et le creusement des inégalités, deux facteurs qui menacent de fracturer les sociétés européennes de l'intérieur, au moment même où elles cherchent à afficher un front uni vers l'extérieur.

1. Canons contre beurre 2.0 : L'érosion de l'État-providence européen

L'expression "canons ou beurre", popularisée dans l'Allemagne des années 1930, résume l'arbitrage fondamental entre les dépenses militaires et les biens de consommation civils. Pendant des décennies, l'Europe de l'après-guerre a résolument choisi le beurre. Elle a construit les modèles sociaux les plus sophistiqués et les plus généreux au monde, fondés sur des systèmes de santé universels, une éducation publique de qualité et une protection sociale étendue. Ce choix était rendu possible par les "dividendes de la paix" et la garantie de sécurité américaine. Le choc de 2022 a brutalement inversé cette priorité. En 2026, le choix n'est plus "canons *ou* beurre", mais "combien de beurre faut-il sacrifier pour les canons ?".

Cette érosion de l'État-providence ne se manifeste pas par un démantèlement brutal et déclaré, mais par une asphyxie lente et progressive, un "saignement à blanc" des services publics.

La santé, première victime silencieuse. Les systèmes de santé européens sont sortis exsangues de la pandémie de COVID-19, avec un personnel épuisé, des infrastructures vieillissantes et des listes d'attente qui ont explosé. Ils nécessiteraient un réinvestissement massif. Or, ils subissent de plein fouet l'arbitrage budgétaire. Dans la plupart des pays de l'UE, les budgets de la santé, s'ils ne sont pas coupés nominalement, voient leur croissance stagner bien en deçà de l'inflation et des besoins réels (liés notamment au vieillissement de la population). Concrètement, cela se traduit par :

- Le gel des salaires des infirmières et des médecins du secteur public, aggravant la crise des vocations et la fuite vers le secteur privé ou l'étranger.
- Le report *sine die* de projets de construction ou de

modernisation d'hôpitaux.
- La réduction des remboursements pour certains médicaments ou soins, augmentant le "reste à charge" pour les patients.
- Des services d'urgence saturés et une dégradation générale de la qualité des soins.

Le paradoxe est cruel : au nom de la protection des citoyens contre une menace extérieure, on affaiblit les systèmes conçus pour les protéger des menaces intérieures que sont la maladie et la précarité.

L'éducation et la recherche : sacrifier l'avenir. Le second pilier du modèle européen, l'éducation, subit une pression similaire. L'investissement dans le capital humain est le facteur le plus déterminant de la croissance à long terme. Pourtant, ici aussi, l'arbitrage est défavorable. Les budgets de l'éducation nationale peinent à suivre l'inflation, ce qui se traduit par des classes plus surchargées, des bâtiments scolaires qui se dégradent et des difficultés à recruter des enseignants.

Plus grave encore est l'impact sur l'enseignement supérieur et la recherche fondamentale. La recherche scientifique est par nature une entreprise de long terme, dont les bénéfices ne sont pas immédiatement visibles. Elle est donc une cible facile pour les coupes budgétaires. Les budgets alloués aux universités et aux grands organismes de recherche publics stagnent. Les appels à projets pour la recherche fondamentale non-liée à la défense se raréfient. De jeunes chercheurs talentueux, face au manque de perspectives, choisissent de s'expatrier aux États-Unis ou en Asie, aggravant la "fuite des cerveaux". En privilégiant la R&D militaire, dont les retombées civiles sont de plus en plus faibles (comme vu au chapitre 4), l'Europe scie la branche sur laquelle sa prospérité future est assise. Elle choisit de financer le savoir-faire pour construire les missiles de demain au détriment de la recherche qui pourrait guérir les maladies de demain.

Les infrastructures et services publics du quotidien. Enfin, l'érosion se fait sentir dans tous les aspects de la vie quotidienne. Les investissements dans les infrastructures de transport public sont reportés, les subventions aux collectivités locales sont réduites, affectant les services de proximité (bibliothèques, piscines, crèches). Les budgets de la justice ou de la culture sont également touchés. Chaque citoyen ressent les effets de cette dégradation, même sans toujours faire le lien direct avec l'augmentation massive du budget de la Défense. C'est une détérioration lente et diffuse de la qualité de vie, une forme d'appauvrissement collectif qui est le prix direct, mais non avoué, du réarmement.

2. Le Pacte Vert : victime expiatoire sur l'autel de la sécurité

Si l'État-providence est lentement érodé, le projet le plus emblématique de l'Union européenne pour le XXIe siècle, le Pacte Vert (*Green Deal*), est la victime la plus spectaculaire et la plus directe du nouveau paradigme sécuritaire. Lancé en 2019, le Pacte Vert n'était pas seulement une politique environnementale ; c'était la nouvelle stratégie de croissance de l'Europe, son projet de civilisation, sa réponse aux défis du changement climatique et de la compétitivité. L'objectif était de faire de l'Europe le premier continent climatiquement neutre d'ici 2050. En 2026, cet objectif semble appartenir à un autre âge. Le Pacte Vert n'a pas été officiellement abandonné, mais il est vidé de sa substance par une triple concurrence.

La concurrence pour les capitaux. La transition écologique est extraordinairement intensive en capital. La décarbonation de l'énergie, de l'industrie et des transports nécessite des milliers de milliards d'euros d'investissements publics et privés. Or, le réarmement est un "trou noir" financier qui aspire ces capitaux.

- **Capitaux publics :** Les subventions pour l'achat de véhicules électriques sont réduites ou supprimées dans de nombreux pays. Les budgets destinés à aider les ménages à rénover thermiquement leur logement sont gelés. Les grands projets d'infrastructures vertes, comme les interconnexions électriques européennes ou les nouvelles lignes de fret ferroviaire, sont retardés au profit de projets d'infrastructures à usage militaire (routes et ponts renforcés pour supporter le poids des chars, par exemple, dans le cadre de la "mobilité militaire").
- **Capitaux privés :** L'effet d'éviction financière (chapitre 2)

joue à plein. La hausse des taux d'intérêt, en partie alimentée par l'endettement public pour la défense, rend le financement des projets d'énergies renouvelables plus coûteux et donc moins rentable pour les investisseurs privés. Le signal-prix envoyé par les gouvernements est clair : l'investissement dans la défense est désormais la priorité, pas l'investissement vert.

La concurrence pour les ressources industrielles et humaines. La BITDE et l'industrie de la transition écologique sont des rivales directes sur le marché des ressources rares. Elles se disputent les mêmes chaînes d'approvisionnement pour les semi-conducteurs, les terres rares, le cuivre ou l'acier de haute qualité. Elles cherchent à recruter les mêmes profils : ingénieurs, techniciens spécialisés, experts en matériaux. Soutenue par des commandes étatiques fermes et massives, l'industrie de défense a souvent le dessus, captant les ressources au détriment des entreprises de la greentech. Il devient plus difficile et plus cher de construire des éoliennes ou des usines de batteries parce que l'industrie de l'armement absorbe une part croissante des matières premières et des talents disponibles.

La concurrence narrative et politique. C'est peut-être la concurrence la plus insidieuse. L'urgence sécuritaire a supplanté l'urgence climatique dans l'agenda politique et médiatique. Le discours sur "la fin du monde" (climatique) a été remplacé par celui sur "la fin du mois" (économique) et "la fin de la paix" (géopolitique). Les dirigeants politiques ont une "bande passante" attentionnelle limitée. Consacrant leur énergie aux sommets de l'OTAN et aux questions de livraison de munitions, ils relèguent les sommets sur le climat au second plan. La volonté politique de prendre des mesures écologiques difficiles et parfois impopulaires s'est considérablement affaiblie. Pire, on assiste à un retour en arrière réglementaire. Des normes environnementales sont assouplies ou des dérogations sont accordées aux industries de défense au nom de l' "effort de guerre", créant un dangereux précédent.

En 2026, le Pacte Vert est devenu l'ombre de lui-même. Le réarmement a fourni le prétexte parfait à tous ceux qui, pour des raisons idéologiques ou économiques, étaient déjà hostiles à la transition écologique. L'Europe est en train de sacrifier sa sécurité à long terme (la stabilité climatique) pour sa sécurité à court terme (la défense militaire). C'est un arbitrage tragique qui laissera une planète moins sûre et moins vivable aux générations futures.

3. La fracture sociale : Fatigue du soutien et creusement des inégalités

Cette grande redistribution silencieuse, qui affaiblit l'État-providence et sacrifie la transition écologique, n'est pas sans conséquences sur le corps social et politique. Elle génère une frustration diffuse qui menace de se transformer en une colère politique aux effets potentiellement dévastateurs, et elle creuse les inégalités à l'intérieur même des sociétés européennes.

L'émergence d'une "fatigue du soutien". Dans les premiers mois qui ont suivi l'invasion de l'Ukraine, un sentiment d'unité et de solidarité a prévalu en Europe. Les opinions publiques ont massivement soutenu l'aide à l'Ukraine et accepté le principe du réarmement comme une nécessité. En 2026, ce consensus s'est dangereusement effrité. La "fatigue du soutien" (*support fatigue*) s'installe.

Cette fatigue est alimentée par la perception, de plus en plus nette pour des millions de citoyens, du coût direct du conflit et du réarmement sur leur vie quotidienne. Lorsque les services d'urgence de l'hôpital local sont fermés, que la classe de votre enfant compte 35 élèves ou que le prix de votre abonnement de transport en commun explose, la rhétorique sur la défense des "valeurs européennes" devient plus difficile à entendre.

Les mouvements populistes, d'extrême droite comme d'extrême gauche, exploitent habilement ce ressentiment. Leur discours est simple et efficace : "Nos gouvernements dépensent des milliards pour les armes et pour l'Ukraine, pendant qu'ils vous abandonnent. Cet argent devrait servir à nos retraités, à nos agriculteurs, à nos hôpitaux". Ce narratif fait écho aux difficultés réelles des gens et alimente une demande de désengagement, d'isolationnisme et de paix négociée à tout prix. Le soutien à l'effort de défense, qui devrait être le fondement de la résilience européenne, devient ainsi un facteur de polarisation politique et de fragilisation des démocraties libérales.

Une redistribution au profit d'une minorité. Au-delà de l'appauvrissement collectif lié à la dégradation des services publics, le réarmement organise une redistribution très concrète de la richesse au profit d'une minorité.

- **Les gagnants :** Les principaux bénéficiaires sont les actionnaires et les dirigeants des grandes entreprises du secteur de la défense (Dassault, Rheinmetall, BAE Systems, Leonardo...). Leurs carnets de commandes sont pleins pour des décennies, leurs cours de bourse ont explosé et les dividendes versés atteignent des records. Les employés hautement qualifiés de ce secteur (ingénieurs, lobbyistes) bénéficient également de salaires élevés et d'une sécurité de l'emploi inégalée. Enfin, les régions qui accueillent des sites majeurs de l'industrie de défense connaissent une certaine prospérité, créant des "îlots" de croissance dans un océan de stagnation.
- **Les perdants :** Les perdants sont la grande majorité de la population qui ne travaille pas dans le secteur de la défense. Ce sont les employés du secteur public dont les salaires sont gelés. Ce sont les bénéficiaires de prestations sociales qui ne sont pas revalorisées à la hauteur de l'inflation. Ce sont les employés des PME des secteurs civils qui subissent la hausse des coûts des matières premières et du crédit. Ce sont les jeunes générations qui voient leur avenir assombri par la double dette, financière et écologique.

Le réarmement agit donc comme un puissant concentrateur d'inégalités. Il prélève des ressources sur l'ensemble de la société via l'impôt ou l'inflation, et les canalise vers un complexe militaro-industriel restreint et ses parties prenantes. Ce faisant, il exacerbe les fractures sociales et territoriales qui minent déjà la cohésion des nations européennes.

Conclusion : Le contrat social à l'épreuve des canons

Le coût d'opportunité social du réarmement européen en 2026 est immense, profond et pernicieux. Il ne s'agit pas d'un simple arbitrage budgétaire, mais d'une redéfinition rampante et non-démocratique du contrat social qui a fondé la prospérité et la paix en Europe depuis 1945.

Le choix des canons se paie par moins de "beurre", c'est-à-dire par une érosion tangible de l'État-providence qui affecte la santé, l'éducation et la qualité de vie de millions de personnes. Il se paie par un sacrifice de l'avenir, incarné par la mise en sommeil du projet le plus stratégique pour la survie à long terme du continent, le Pacte Vert. Enfin, il se paie par une dégradation du climat social et politique. La redistribution silencieuse des richesses vers le complexe militaire alimente un sentiment d'injustice, nourrit la fatigue du soutien et offre un boulevard aux forces populistes qui cherchent à défaire le projet européen.

En cherchant à se prémunir contre une désintégration par une force extérieure, l'Europe prend le risque d'une désintégration de l'intérieur. La menace n'est plus seulement celle de chars franchissant une frontière, mais celle de sociétés qui se fracturent, d'un consensus qui s'effondre et d'une confiance dans le projet démocratique qui s'évapore. L'ironie tragique est que la sécurité physique du territoire pourrait être acquise au prix de la dissolution du lien social qui fait de ce territoire une communauté politique digne d'être défendue. Cette contradiction fondamentale n'est pas seulement un problème social ; c'est une crise institutionnelle. Comment les institutions de l'Union européenne, conçues pour la paix et le marché, peuvent-elles gérer une telle tension ? C'est la question que nous aborderons dans le chapitre suivant.

Chapitre 7 : L'Union européenne face à ses contradictions institutionnelles

Introduction : Le logiciel de la paix face au virus de la guerre

L'Union européenne est bien plus qu'une simple zone de libre-échange ou une alliance d'États. C'est un ordre juridique et institutionnel d'une complexité sans précédent, un "système d'exploitation" politique et économique méticuleusement conçu sur soixante-dix ans. Son code source a été écrit avec une intention claire et presque obsessionnelle : rendre la guerre entre ses membres non seulement impensable, mais matériellement impossible. Ses principes fondateurs – la primauté du droit, la libre concurrence, la coopération supranationale et la discipline budgétaire – sont tous des outils conçus pour un monde en paix, où les différends se règlent par la négociation et où la prospérité est le but ultime.

Le spectre de la guerre qui hante l'Europe en 2026 n'est donc pas seulement une menace extérieure ; c'est un virus qui attaque le système d'exploitation de l'intérieur. Les exigences de la *realpolitik* et de l'économie de guerre sont fondamentalement incompatibles avec le logiciel européen conçu pour le temps de paix. L'urgence sécuritaire, la nécessité de la rapidité, le secret de la défense et la logique de la puissance nationale entrent en collision frontale avec les principes de transparence, de concurrence et de délibération collective qui sont l'ADN de l'Union.

Ce chapitre soutient que l'année 2026 est le moment où ce choc des logiques atteint son paroxysme, menaçant de faire disjoncter l'ensemble du système. Nous allons analyser comment le réarmement massif met l'Union face à quatre contradictions institutionnelles fondamentales, quatre "bugs" systémiques qui révèlent l'inadéquation de son architecture actuelle. Premièrement, nous verrons comment la logique du protectionnisme militaire est en train de saboter le joyau de la couronne de l'UE, le Marché unique. Deuxièmement, nous examinerons comment le Pacte de Stabilité et de Croissance, le corset budgétaire de la zone euro, est devenu une fiction juridique intenable. Troisièmement, nous analyserons la bataille pour le pouvoir entre les institutions supranationales et les capitales nationales, une bataille que Bruxelles est en train de perdre. Enfin, nous explorerons comment l'euro et la Banque Centrale Européenne, symboles ultimes de l'intégration, se retrouvent pris en otage, menaçant la stabilité de la monnaie unique. La question qui se pose n'est plus seulement de savoir si l'Europe peut se permettre de se réarmer, mais si l'Union européenne, telle que nous la connaissons, peut survivre à sa propre transformation en puissance militaire.

1. Le Marché unique contre le protectionnisme militaire : La fin de la concurrence pure et parfaite

Le Marché unique est sans doute la plus grande réussite de l'intégration européenne. Fondé sur les "quatre libertés" de circulation (biens, services, capitaux, personnes), il est régi par un ensemble de règles strictes visant à garantir une concurrence libre et non faussée. Au cœur de ce système se trouve la Direction Générale de la Concurrence (DG COMP) de la Commission européenne, un arbitre puissant qui veille scrupuleusement au respect des règles sur les aides d'État et les marchés publics. Or, le secteur de la défense a toujours été le grand impensé, l'exception tolérée de ce modèle. L'article 346 du Traité sur le Fonctionnement de l'UE permet aux États membres de déroger aux règles communes pour protéger leurs "intérêts essentiels de sécurité". Pendant des décennies, cette exception est restée confinée. En 2026, l'exception est devenue la norme, et sa logique corrosive menace de contaminer l'ensemble de l'édifice.

La résurgence des champions nationaux et le déni des aides d'État. La nouvelle course à l'armement s'est traduite par une politique délibérée et massive de soutien aux "champions nationaux". Les gouvernements français, allemand et italien injectent des milliards dans leurs industries de défense via des commandes publiques garanties, des subventions à la R&D et des aides directes pour augmenter les capacités de production. Formellement, une grande partie de ces subventions devrait être notifiée et approuvée par la Commission européenne en tant qu'aides d'État. En pratique, l'invocation de l'article 346 est devenue systématique. La Commission, politiquement, ne peut pas s'opposer à des mesures jugées vitales pour la sécurité nationale et collective. Elle est donc contrainte de fermer les yeux, créant un deux poids, deux mesures qui mine sa crédibilité. Une aide d'État pour sauver un producteur d'acier sera examinée à la loupe, tandis qu'une aide bien plus massive pour un fabricant de missiles passera sans encombre. Cette situation crée des distorsions de concurrence massives. Elle avantage les grandes entreprises établies, capables de négocier directement avec leur gouvernement, au détriment des PME innovantes qui pourraient proposer des solutions plus performantes mais n'ont pas le même accès au pouvoir politique.

La mort lente des marchés publics de défense. Pour tenter d'introduire un semblant de concurrence dans ce secteur, l'UE s'est dotée en 2009 d'une directive sur les marchés publics de défense. L'objectif était d'encourager les appels d'offres transfrontaliers pour les équipements non-sensibles. Cette directive n'a jamais été appliquée avec beaucoup d'enthousiasme, mais le réarmement post-2022 lui a porté un coup fatal. L'urgence est devenue le prétexte universel pour recourir à des procédures de gré à gré, négociées directement entre l'État et son fournisseur national historique. La logique du "juste retour" (analysée au chapitre 4) est plus forte que jamais : si un pays dépense des milliards pour sa défense, il exige que cet argent irrigue en priorité son propre tissu industriel. Le résultat est un re-cloisonnement quasi total des marchés nationaux. Le "Buy European" promu par Bruxelles se traduit en pratique par un "Buy Polish" à Varsovie, "Buy German" à Berlin et "Buy French" à Paris. Le marché européen de la défense, qui aurait dû s'intégrer pour devenir plus efficace, se fragmente encore davantage.

La contagion au-delà de la défense. Le danger le plus profond est celui de la contagion. Une fois que le principe de préférence nationale et de soutien aux champions nationaux est accepté et banalisé dans un secteur aussi vaste et influent que la défense, il devient tentant de l'appliquer à d'autres domaines jugés "stratégiques" : l'énergie, la santé (production de médicaments), le numérique (cloud souverain), l'alimentation. Pourquoi ce qui est justifié pour produire un char ne le serait-il pas pour produire un panneau solaire ou un semi-conducteur

? La logique du réarmement fournit un argument politique puissant pour tous les tenants du protectionnisme. En 2026, la doctrine de la concurrence libre et non faussée, qui était le dogme de Bruxelles, est en pleine retraite idéologique. Le Marché unique, conçu comme un terrain de jeu plat, est en train de se hérisser de barrières et de subventions, sous la pression d'une logique sécuritaire qui lui est fondamentalement étrangère.

2. Le Pacte de Stabilité et de Croissance : Chronique d'une mort annoncée

Si le Marché unique est le pilier économique de l'UE, le Pacte de Stabilité et de Croissance (PSC) est censé être son pilier de la discipline budgétaire, en particulier pour les membres de la zone euro. Avec ses règles emblématiques – un déficit public inférieur à 3 % du PIB et une dette publique inférieure à 60 % du PIB – il a toujours été le symbole de l'orthodoxie d'inspiration allemande qui sous-tend la monnaie unique. Le pacte a eu une histoire mouvementée : qualifié de "stupide" par Romano Prodi, violé par la France et l'Allemagne au début des années 2000, suspendu pendant la crise du COVID, et finalement réformé en 2023 pour le rendre (théoriquement) plus réaliste et adapté aux situations nationales.

Le réarmement massif de 2026 ne met pas seulement le PSC sous tension ; il le rend tout simplement caduc et le transforme en une farce tragique.

La contradiction insoluble. La nouvelle version du PSC exige des pays les plus endettés, comme la France ou l'Italie, qu'ils présentent des trajectoires de réduction de leur dette et de leur déficit sur plusieurs années. Simultanément, ces mêmes pays sont sommés par l'OTAN et par leurs propres engagements de porter et de maintenir leurs dépenses de défense à plus de 2 % de leur PIB, ce qui représente une augmentation structurelle de dizaines de milliards d'euros par an. Les deux exigences sont mathématiquement et politiquement incompatibles. Un pays ne peut pas simultanément engager une consolidation budgétaire sérieuse et augmenter massivement et durablement l'un de ses plus grands postes de dépenses. Cette schizophrénie institutionnelle place les gouvernements dans une position impossible. S'ils respectent le PSC, leurs partenaires de l'OTAN les accuseront de ne pas prendre leurs responsabilités en matière de sécurité. S'ils respectent leurs engagements de défense, la Commission européenne et les marchés financiers les accuseront de laxisme budgétaire.

Le débat sur l' "exception défense" : une boîte de Pandore. Face à cette contradiction, une idée a fait son chemin dans les couloirs de Bruxelles et des capitales : sortir les dépenses d'investissement militaire du calcul du déficit pris en compte par le Pacte de Stabilité. Après tout, argumentent ses partisans, il s'agit d'une dépense exceptionnelle, dictée par un contexte de crise, qui contribue à la fourniture d'un "bien public européen" : la sécurité. Cette proposition est cependant une véritable boîte de Pandore et une ligne rouge absolue pour les pays "frugaux" du Nord. Pour eux, accepter une telle exception créerait un précédent dévastateur. Demain, d'autres pays demanderaient une exception pour les investissements dans la transition écologique, puis pour l'éducation, puis pour la santé. Ce serait la fin de toute discipline budgétaire commune, la porte ouverte à une monétisation déguisée des déficits qui est le cauchemar de la Bundesbank. Le blocage sur cette question est total.

La mort par l'inapplication. En l'absence d'un accord politique pour réformer à nouveau le pacte, la seule issue est l'inapplication de facto. En 2026, la Commission européenne se trouve dans une position de faiblesse extrême. Elle peut bien lancer des procédures pour "déficit excessif" contre la France, l'Italie ou la Pologne, mais elle n'a aucun moyen de coercition crédible. Personne n'imagine sérieusement que des sanctions financières seraient appliquées à des pays qui sont en première ligne de l'effort de défense européen. Le résultat est le pire des scénarios : le pacte existe toujours sur le papier, mais il est ignoré dans les faits. Cette situation détruit la crédibilité du cadre budgétaire européen. Elle nourrit la méfiance des pays du Nord, qui ont le sentiment que les règles ne s'appliquent qu'à eux, et elle crée une incertitude juridique qui déplaît aux marchés. Le PSC, conçu pour être l'ancre de la stabilité de la zone euro, est devenu une coque vide, un symbole de l'incapacité de l'UE à adapter son cadre de règles à la dure réalité du monde.

3. La bataille pour le pouvoir : Le retour de l'intergouvernemental

La structure de gouvernance de l'UE est un équilibre subtil, et souvent tendu, entre deux logiques : la logique supranationale, ou "méthode communautaire", incarnée par la Commission européenne (gardienne des traités et de l'intérêt général européen) et le Parlement européen (seule institution directement élue) ; et la logique intergouvernementale, où le pouvoir de décision réel appartient aux chefs d'État et de gouvernement des 27 pays membres réunis au sein du Conseil européen.

La politique étrangère et de sécurité a toujours été le bastion de l'intergouvernemental. Mais la crise actuelle a provoqué un basculement spectaculaire et généralisé du pouvoir vers les capitales nationales, marginalisant de plus en plus les institutions de Bruxelles.

Le Conseil européen, nouveau directoire de l'Europe. Les décisions stratégiques cruciales ne sont plus prises dans le cadre feutré de la méthode communautaire, mais lors de sommets tendus du Conseil européen, ou, de plus en plus, dans des formats plus restreints et informels (comme le "Triangle de Weimar" entre la France, l'Allemagne et la Pologne) ou en dehors de l'UE (au sein de l'OTAN ou du G7). C'est au niveau des chefs d'État que se décident les sanctions contre la Russie, les grandes lignes du soutien à l'Ukraine et les orientations de l'effort de défense. Dans ce contexte de crise permanente, le rôle de la Commission est souvent réduit à celui d'un secrétariat technique chargé de mettre en œuvre des décisions sur lesquelles elle a eu peu d'influence.

La Commission et le Parlement en quête de pertinence. Face à cette marginalisation, la Commission européenne tente de rester pertinente en utilisant les quelques leviers à sa disposition. Elle a créé le Fonds Européen de Défense (FED) pour financer la R&D en coopération, lancé des initiatives d'achats groupés de munitions (ASAP), et proposé une véritable stratégie pour l'industrie de défense européenne (EDIS). Mais ces initiatives, bien que louables, sont d'une échelle financière dérisoire par rapport aux budgets de défense nationaux. Le FED pèse quelques milliards d'euros, quand les dépenses nationales se chiffrent en centaines de milliards. La Commission peut inciter, coordonner, subventionner à la marge, mais elle n'a pas le pouvoir d'imposer une stratégie ou de rationaliser la BITDE. Le Parlement européen est encore plus impuissant. Il peut organiser des auditions, voter des résolutions passionnées, mais il n'a aucun pouvoir de contrôle ou de décision sur les politiques de défense nationales. Il est un "tigre de papier" sur les questions de sécurité.

La fin de l'illusion d'une "Europe de la Défense" intégrée. Ce retour en force de l'intergouvernemental sonne le glas, du moins pour l'instant, du vieux rêve fédéraliste d'une "Europe de la Défense" véritablement intégrée, avec une armée européenne ou une politique de défense unifiée. Le réarmement de 2026 ne se fait pas sous la bannière étoilée de l'UE, mais sous 27 drapeaux nationaux différents. Loin de pousser à plus d'intégration, la crise sécuritaire a provoqué un repli sur l'État-nation, perçu comme le seul acteur légitime et efficace pour garantir la sécurité des citoyens. L'UE apparaît comme un facilitateur utile, un guichet de financement d'appoint, mais le véritable pouvoir reste là où il a toujours été sur ces questions : à Paris, Berlin, Varsovie et, en dernière analyse, à Washington via l'OTAN.

4. L'euro et la BCE : Le gardien du temple pris en otage

La contradiction ultime se noue au cœur du réacteur de la zone euro : la Banque Centrale Européenne. L'ECB a été conçue sur le modèle de la Bundesbank allemande, avec deux principes cardinaux gravés dans le marbre des traités : une indépendance politique totale et un mandat unique et quasi-exclusif de garantir la stabilité des prix. Il lui est formellement interdit de se livrer au "financement monétaire" des déficits des États. Cette orthodoxie monétaire est la pierre angulaire de la confiance dans l'euro.

En 2026, cette tour d'ivoire est assiégée. L'ECB est devenue l'otage involontaire des contradictions politiques et budgétaires de l'Union.

Le dilemme de la politique monétaire. Comme nous l'avons vu, la BCE est contrainte de maintenir des taux d'intérêt élevés pour lutter contre une inflation en partie alimentée par... les dépenses militaires des gouvernements. Simultanément, ces mêmes taux d'intérêt élevés aggravent la crise de la dette souveraine de ces mêmes gouvernements (chapitre 3), augmentant le risque d'une fragmentation financière de la zone euro. La BCE est donc forcée de mener une politique qui, bien que nécessaire pour son mandat, met en péril la solvabilité de certains de ses actionnaires. Elle est prise dans un "piège de la dette" où toute décision est mauvaise. Si elle baisse les taux prématurément pour soulager les États, elle perd sa crédibilité dans la lutte contre l'inflation. Si elle les maintient élevés, elle risque de déclencher une crise de la dette qu'elle sera ensuite forcée de juguler.

Le TPI, un pistolet sur la tempe. Pour faire face au risque de fragmentation, la BCE s'est dotée en 2022 de l'Instrument de Protection de la Transmission (TPI), un programme de rachat d'obligations potentiellement illimité visant à contrer les attaques spéculatives non justifiées sur la dette d'un pays. Mais cet instrument est assorti de conditionnalités politiques : le pays bénéficiaire doit respecter le cadre budgétaire européen. Or, nous avons vu que ce cadre est précisément en train de voler en éclats. Que devrait faire la BCE si les marchés s'attaquaient à la dette de l'Italie, au motif que son déficit explose à cause de ses dépenses militaires ? Activer le TPI serait outrepasser son mandat et s'engager dans un financement monétaire déguisé d'une politique budgétaire nationale. Ne pas l'activer serait prendre le risque d'une contagion qui pourrait faire exploser la zone euro. L'existence même du TPI place un pistolet sur la tempe de la BCE, la forçant à devenir l'arbitre en dernier ressort de la soutenabilité des politiques nationales, un rôle éminemment politique pour lequel elle n'a aucune légitimité démocratique.

L'indépendance en péril. Cette position intenable expose la BCE à des pressions politiques sans précédent. Les gouvernements des pays endettés lui demandent, plus ou moins ouvertement, de faire preuve de "flexibilité" et de "patriotisme européen". Les faucons monétaires des pays du Nord la pressent de s'en tenir strictement à son mandat. L'indépendance de la BCE, qui est le socle de la crédibilité de l'euro, est mise à rude épreuve. Toute décision qu'elle prendra sera interprétée comme une victoire d'un camp sur l'autre, érodant son statut d'institution technique et impartiale.

Conclusion : L' "acquis communautaire" démantelé par la realpolitik

L'analyse institutionnelle de l'Union européenne en 2026 révèle un système en état de décompensation. Les quatre piliers de son ordre interne sont secoués par la logique implacable de la sécurité et de la puissance. Le Marché unique est distordu par le protectionnisme. Le pacte budgétaire est réduit à l'état de lettre morte. La gouvernance supranationale est éclipsée par le retour en force de l'intergouvernemental. Et l'indépendance de la banque centrale est compromise par des contradictions insolubles.

Ce qui est en train de se déliter, pièce par pièce, c'est l' "acquis communautaire" lui-même, cet ensemble de lois, de règles et de normes accumulé sur des décennies, qui constitue le cœur du projet européen. La *realpolitik* est en train de prendre sa revanche sur le droit. L'Union européenne avait été conçue pour transformer la politique de puissance en une série de problèmes techniques gérables par des règles communes. Elle découvre aujourd'hui que la politique de puissance, une fois revenue, ne se laisse pas contenir par des règles ; elle les brise.

L'UE a été créée pour garantir la paix à l'intérieur de ses frontières, et elle y a brillamment réussi. Mais elle n'a jamais été conçue pour préparer ou mener une guerre en tant qu'acteur unifié. Cette lacune fondamentale dans sa conception est aujourd'hui exposée au grand jour. Face à ce test existentiel, l'Union est à la croisée des chemins. Soit elle trouve en elle la force d'un sursaut politique spectaculaire pour surmonter ses contradictions – ce qui impliquerait un nouveau traité, une véritable union budgétaire et une intégration de la défense –, soit elle risque une lente régression, un démantèlement silencieux de son "acquis" qui la ramènerait à n'être qu'une zone de libre-échange fragmentée et politiquement impuissante. Les scénarios qui découlent de cette alternative critique seront l'objet de notre conclusion.

Chapitre 8 : Naviguer entre les spectres : Scénarios pour 2026 et au-delà

Introduction : L'heure des choix inéluctables

Nous arrivons au terme de notre voyage au cœur de la plus grande épreuve que l'Europe ait connue depuis des générations. Nous avons commencé ce livre en décrivant l'année 2026 comme un point de bascule silencieux, un moment où deux forces tectoniques – le spectre de la guerre et le spectre de la dette – entreraient dans une collision frontale. Au fil des chapitres, nous avons disséqué l'anatomie de cette confrontation, explorant ses dimensions stratégiques, macroéconomiques, industrielles, sociales et institutionnelles. Nous avons vu comment l'impératif de réarmement, bien que vital, agit comme un poison lent sur une économie européenne déjà fragile, et comment l'héritage de la dette menace de paralyser toute réponse audacieuse.

Le diagnostic est posé. L'Europe de 2026 est une Europe sous une tension extrême, craquelée de lignes de fracture qui parcourent son corps politique et social. La question qui se pose désormais n'est plus celle de l'analyse, mais de la prospective. Si notre diagnostic est correct, quelles sont les voies qui s'ouvrent – ou se ferment – pour le continent ? L'histoire n'est jamais écrite d'avance, mais elle n'est pas non plus le fruit du hasard. Elle est le résultat de choix, ou de non-choix, faits à des moments critiques par les acteurs politiques et les sociétés.

Ce dernier chapitre n'a pas la prétention de prédire l'avenir. Il vise plutôt à dessiner les futurs possibles, à tracer les contours de plusieurs scénarios plausibles qui découlent logiquement des tensions que nous avons identifiées. Ces scénarios ne sont pas des prophéties, mais des outils pour penser l'avenir, des représentations de ce que pourraient être les conséquences des décisions prises aujourd'hui. Ils sont le produit final de notre équation, montrant comment, en fonction des variables que sont le courage politique, la solidarité et la lucidité, l'Europe pourrait soit s'effondrer, soit se transformer, soit sombrer dans une stagnation délétère. Car si une chose est certaine en 2026, c'est que l'ère de l'ambiguïté est terminée. L'heure des choix inéluctables a sonné.

La synthèse du diagnostic : Les cinq piliers de la crise

Avant d'explorer les chemins de l'avenir, il est essentiel de récapituler les piliers de la crise sur lesquels repose notre analyse. C'est la conjonction de ces cinq réalités qui rend la situation de 2026 si précaire et explosive.

1. **Une réalité stratégique inéluctable :** Le réarmement n'est pas une option. C'est une nécessité non négociable, d'une ampleur financière colossale (plus de mille milliards d'euros sur la décennie) et d'une nature structurelle. Il ne s'agit pas d'un pic de dépense, mais d'un changement de paradigme permanent qui rigidifiera à la hausse les budgets publics pour des décennies.
2. **Une réalité macroéconomique défavorable :** Cet effort de défense est intrinsèquement stagflationniste. Il a un faible impact sur la croissance et l'emploi de masse, tout en étant un puissant moteur d'inflation. Surtout, il provoque un effet d'éviction massif sur les investissements d'avenir, au premier rang desquels la transition écologique, sacrifiée sur l'autel de la sécurité.
3. **Une réalité financière explosive :** L'Europe finance cet effort alors qu'elle est déjà au sommet d'une montagne de dette et dans un contexte de taux d'intérêt élevés. Cette situation a réactivé le "piège de la dette", où la charge des intérêts menace de devenir incontrôlable, ravivant le spectre d'une nouvelle crise des dettes souveraines capable de faire éclater la zone euro.
4. **Une réalité industrielle et politique fragmentée :** Loin d'être unie, l'Europe aborde cette crise en ordre dispersé. Sa base industrielle de défense est un archipel d'intérêts nationaux concurrents, inefficace et source de surcoûts. Ses

capitales sont divisées par des fractures profondes (Nord-Sud sur le financement, Est-Ouest sur la stratégie), empêchant toute réponse commune et cohérente.

5. **Une réalité institutionnelle inadaptée :** Le "système d'exploitation" de l'Union européenne, conçu pour la paix et la concurrence, est en état de surchauffe. Ses règles fondamentales – Marché unique, Pacte de Stabilité – sont soit contournées, soit ignorées, créant une crise de crédibilité et de gouvernance qui affaiblit l'Union de l'intérieur.

C'est de cette accumulation de crises que naissent les scénarios qui suivent. Chaque scénario représente une manière différente de "résoudre" ou de gérer ces contradictions.

Scénario 1 : L'Union de la Forteresse – La sécurité sans la prospérité

Ce premier scénario est celui du triomphe de la *realpolitik* intergouvernementale. Face à la double menace russe et de l'instabilité politique américaine, les dirigeants des 27 parviennent à un compromis pragmatique mais sans ambition. La logique est celle de la "Forteresse Europe" : la priorité absolue, voire unique, est la construction d'un glacis militaire crédible, et tout le reste lui est subordonné.

Déclencheur et logique : Le déclencheur est une prise de conscience partagée que la fragmentation (Scénario 2) est un suicide collectif. Sans aller jusqu'à un sursaut fédéral, un "gentlemen's agreement" est trouvé au Conseil européen. L'Allemagne accepte de facto d'assouplir son orthodoxie budgétaire et de tolérer des déficits plus élevés. La France obtient une forme de "préférence européenne" de fait dans les achats d'armement, consolidant sa base industrielle. Les pays de l'Est obtiennent des garanties de sécurité renforcées et un soutien financier via des fonds de cohésion réorientés.

Paysage politique et institutionnel : Le pouvoir est entièrement concentré au sein du Conseil européen, qui agit comme un directoire des grandes nations. La Commission européenne est réduite à un rôle d'agence d'exécution et de gestionnaire de fonds. Le Parlement est marginalisé. Les règles du Pacte de Stabilité et de la concurrence sont officiellement "mises en sommeil" pour tout ce qui touche à la sécurité. C'est la victoire de l'intergouvernemental sur le supranational.

Réalité économique : L'économie européenne entre dans une phase de stagnation militarisée. La croissance est faible ou nulle, handicapée par la ponction des ressources au profit de la défense et par l'effet d'éviction. L'inflation reste structurellement plus élevée qu'ailleurs, alimentée par la demande militaire et le protectionnisme rampant. La dette publique continue de grimper, mais elle est "tolérée" par les marchés et soutenue en coulisses par la BCE, qui a perdu une grande partie de son indépendance de fait. Le Pacte Vert est officiellement "rééchelonné" et ses ambitions sont revues drastiquement à la baisse.

Posture stratégique : L'Europe devient une puissance militaire terrestre crédible, capable de défendre son territoire. C'est un hérisson difficile à attaquer. Cependant, elle reste dépendante des États-Unis pour les capacités de très haute technologie (spatial, cyber, nucléaire). Son influence mondiale décline car elle n'est plus un modèle de prospérité ou d'innovation, mais une forteresse vieillissante et repliée sur elle-même.

Contrat social : C'est le scénario du sacrifice silencieux. Les citoyens bénéficient d'une sécurité physique accrue, mais au prix d'une dégradation continue des services publics, d'une stagnation du pouvoir d'achat et du renoncement à l'ambition écologique. La "fatigue du soutien" devient une caractéristique chronique du paysage politique, alimentant un populisme de basse intensité qui critique la gestion technocratique de cette "économie de guerre froide". C'est une paix grise, sans joie et sans projet d'avenir.

Scénario 2 : La Crise de la Fragmentation – Le chacun pour soi existentiel

Ce scénario est celui de l'échec. C'est le futur où les forces centrifuges, que nous avons décrites, l'emportent sur la volonté de coopération. Les dirigeants européens, incapables de surmonter leurs divisions, échouent à trouver un accord sur la question cruciale du financement, déclenchant une crise qui emporte tout sur son passage.

Déclencheur et logique : Le déclencheur est une crise financière. Les marchés, perdant patience face à l'incapacité de l'UE à s'accorder sur des Eurobonds de la défense, commencent à attaquer la dette de l'Italie ou de la France. Les "spreads" s'envolent. L'Allemagne et les pays "frugaux" refusent catégoriquement toute mutualisation, exigeant un retour à l'austérité la plus stricte comme condition à toute aide. Cette exigence, jugée inacceptable et punitive par les pays du Sud, provoque une rupture politique majeure au sein du Conseil européen.

Paysage politique et institutionnel : C'est l'implosion de l'UE telle que nous la connaissons. La zone euro se fracture. La BCE tente d'intervenir avec son instrument TPI, mais sans soutien politique, son action est insuffisante et contestée. L'Union se divise en blocs hostiles : un bloc du Nord orthodoxe, un Sud en crise économique profonde, et un bloc de l'Est qui se désolidarise de ces "querelles de riches" pour se placer entièrement sous le parapluie sécuritaire américain. La crédibilité du projet européen s'effondre. Les partis nationalistes et anti-UE triomphent partout.

Réalité économique : L'Europe plonge dans une récession profonde, bien pire que celle de 2012. La crise de la dette souveraine se mue en crise bancaire. Certains pays sont contraints de mettre en place des contrôles de capitaux. Le Marché unique se désintègre sous l'effet des dévaluations compétitives et des barrières protectionnistes érigées dans l'urgence. Le chômage de masse fait son retour.

Posture stratégique : L'Europe devient un nain géopolitique, un continent divisé, affaibli et méprisé. Elle est une proie facile pour les stratégies de déstabilisation de la Russie et l'influence économique de la Chine. Pour les États-Unis, elle n'est plus un partenaire mais un problème à gérer, une zone d'instabilité chronique. L'OTAN survit, mais elle est dominée par une alliance directe entre Washington et les pays du flanc Est, la "vieille Europe" étant jugée peu fiable.

Contrat social : C'est un désastre social. L'austérité brutale imposée aux pays du Sud détruit ce qu'il restait de l'État-providence. Les tensions sociales explosent, avec des grèves, des émeutes et une instabilité politique permanente. C'est le scénario d'une "génération perdue" et de la fin du rêve européen de paix et de prospérité.

Scénario 3 : Le Sursaut Fédéral – Le moment hamiltonien de la défense

Ce scénario est le plus optimiste, mais aussi le plus exigeant politiquement. C'est celui où, au bord du précipice de la fragmentation, les dirigeants européens trouvent en eux la lucidité et le courage de faire un saut qualitatif majeur dans l'intégration, considérant que seule une réponse fédérale peut permettre de surmonter une crise existentielle. C'est le "moment hamiltonien" de l'Europe de la défense.

Déclencheur et logique : Le déclencheur est une crise imminente (similaire à celle du Scénario 2) ou une provocation géopolitique majeure (une menace directe de la Russie contre un membre de l'OTAN) qui convainc l'Allemagne et les pays du Nord que le statu quo n'est plus tenable et que le coût de l'effondrement de l'UE serait infiniment supérieur à celui de la solidarité. Un "Grand Bargain" est conclu : en échange d'une mutualisation de la dette pour la défense et la transition écologique, les pays du Sud acceptent des réformes structurelles et un contrôle budgétaire européen renforcé sur ces nouvelles dépenses.

Paysage politique et institutionnel : Ce scénario implique une révision des traités ou un accord intergouvernemental d'une portée historique. Il voit la création d'Eurobonds de la défense, gérés par un Trésor européen ou une agence ad hoc. Un poste de Commissaire européen à la Défense, doté d'un budget propre significatif et de pouvoirs sur les achats groupés et la rationalisation de l'industrie, est créé. La méthode communautaire est relancée, la Commission et le Parlement voyant leurs pouvoirs renforcés pour contrôler democraticamente cette nouvelle compétence européenne.

Réalité économique : La mutualisation de la dette stabilise immédiatement les marchés financiers. Le financement à bas coût de l'effort de défense et de la transition écologique (désormais fusionnés dans une logique de "souveraineté verte et stratégique") permet de relancer l'investissement. Une politique industrielle européenne coordonnée rationalise la BITDE, créant des champions européens capables de rivaliser avec les géants américains. Des impôts européens (taxe sur les transactions financières, taxe carbone aux frontières) sont mis en place pour rembourser la dette commune.

Posture stratégique : L'Europe devient un acteur géopolitique crédible et unifié. Elle est le second pilier, solide et autonome, de l'Alliance atlantique. Capable de générer sa propre sécurité, elle peut parler d'égal à égal avec les États-Unis et la Chine. Le moteur franco-allemand, relancé par ce projet commun, fonctionne à plein régime.

Contrat social : Un nouveau souffle est donné au projet européen. Un sentiment de destin partagé et de solidarité renaît. Cependant, ce saut fédéral n'est pas sans douleur. Il implique des transferts de souveraineté significatifs qui se heurtent à de fortes résistances nationalistes. Le débat sur la légitimité démocratique de cette "Europe-puissance" devient central. Les citoyens doivent accepter une fiscalité plus élevée et une Europe plus "interventionniste" en échange de la sécurité et d'un projet d'avenir.

Conclusion : Le courage de choisir

L'Union de la Forteresse, la Crise de la Fragmentation, le Sursaut Fédéral. Trois futurs, trois logiques radicalement différentes. Bien sûr, la réalité future sera probablement un mélange complexe de ces archétypes. On peut imaginer un quatrième scénario, celui de la "lente dérive", où l'Europe, ne choisissant aucune voie claire, opte pour un "bricolage permanent", une Europe à plusieurs vitesses où un noyau dur s'intègre tandis que la périphérie se débat, survivant au jour le jour sans vision ni projet.

Mais cette voie du non-choix est elle-même un choix – celui du déclin géré. Le message central de ce livre est que l'Europe de 2026 n'a plus le luxe du temps ou de l'ambiguïté. Les spectres de la guerre et de la dette ont forcé la main de l'Histoire. Ils ont exposé les contradictions fondamentales d'un projet conçu pour un monde qui n'existe plus. Continuer avec le même logiciel institutionnel et la même culture politique, c'est courir tout droit au scénario de la fragmentation.

Naviguer entre les spectres ne sera pas une manœuvre technique. Ce sera un acte de courage politique d'une ampleur historique. Cela exigera des dirigeants qu'ils dépassent les égoïsmes nationaux et les dogmes du passé. Cela exigera des opinions publiques qu'elles comprennent la nature des sacrifices nécessaires et la futilité du repli sur soi. Cela exigera de réinventer le contrat social européen, en trouvant un équilibre nouveau et durable entre la sécurité, la prospérité et la démocratie.

Le choix final n'est pas seulement entre les canons et le beurre. C'est un choix entre la souveraineté partagée et l'impuissance collective. Entre la solidarité et l'isolement. Entre la volonté de façonner son propre destin et la résignation à le subir. L'Europe a toujours avancé dans et par les crises. Celle qu'elle affronte aujourd'hui est la mère de toutes les crises. La manière dont elle y répondra ne définira pas seulement la prochaine décennie, mais la place du continent dans le siècle qui commence. L'avenir de l'Europe n'est écrit nulle part, sinon dans la volonté, ou l'absence de volonté, de ses citoyens et de leurs dirigeants.

FIN

www.ingramcontent.com/pod-product-compliance
Lightning Source LLC
LaVergne TN
LVHW040444051026
849517LV00002B/748
* 9 7 9 8 2 3 2 7 7 5 7 0 4 *